能源转型 中国故事

——综合智慧能源优秀项目典型场景案例选编（2020—2023年）

中国电力技术市场协会综合智慧能源专业委员会 主编

中国经济出版社
CHINA ECONOMIC PUBLISHING HOUSE
中国石化出版社
HTTP://WWW.SINOPEC-PRESS.COM

内容提要

为更好配合实施我国双碳目标和能源绿色转型发展需要，本书选取了25篇综合智慧能源优秀项目案例进行优化选编，内容共涉及城镇乡村类、产业园区类、集群楼宇类、平台服务类四个板块。本书的出版可以使开发和创业者便捷地获得典型场景项目可推介、可借鉴经验，使得综合智慧能源新业态进一步发展，综合智慧能源的技术路线和商业模式进一步创新。

本书可作为发电企业、电网企业、能源企业、综合能源服务企业、售电公司、电力用户、系统集成商、设备制造商等参与综合智慧能源新业态规划、建设、实施的样板手册，亦可作为能源发展规划、电气工程及其自动化、电力经济专业的研究机构，高等院校研究生或高年级本科生的实习参考书。

图书在版编目(CIP)数据

能源转型 中国故事／中国电力技术市场协会综合智慧能源专业委员会主编．—北京：中国石化出版社，2023．11
ISBN 978-7-5114-7345-5

Ⅰ．①能… Ⅱ．①中… Ⅲ．①能源经济-研究-中国
Ⅳ．①F426．2

中国国家版本馆CIP数据核字(2023)第199960号

中国石化出版社出版发行
地址：北京市东城区安定门外大街58号
邮编：100011　电话：(010)57512500
发行部电话：(010)57512575
http://www.sinopec-press.com
E-mail:press@sinopec.com
北京科信印刷有限公司印刷
全国各地新华书店经销
*
787毫米×1092毫米 16开本 12印张 211千字
2023年11月第1版　2023年11月第1次印刷
定价：98.00元

编写指导委员会

（按姓氏笔画排序）

王　鹏　白首跃　齐　越　孙耀唯　李柏青　应光伟
张丽英　赵风云　柴　茂　郭云高　黄　智　谢秋野
翟慎会　冀新博

编写委员会

主　编：赵风云　齐　越
副主编：黄　智　柴　茂　赵家敏
委　员（按姓氏笔画排序）：
王晓璐　王　晗　吕迎晨　刘红明　孙旭彤
李　冰　张福征　项丽娜　郜　颖　郭曈曈

前言

综合智慧能源是新型能源体系的重要组成部分，是构建新型电力系统的必需要素，是推动经济社会绿色低碳转型和高质量发展的有效手段。在双碳目标下，综合智慧能源具有独特的自身优势，可以充分根据各地的资源禀赋、基础设施、土地空间、资金条件等选择适宜的系统集成模式，满足多种用能需求并提供个性化、差异化的能源服务，实现各种资源的多能互补、能源的梯级利用、降低管输费用、提高系统运行的安全性和可靠性，更好地实现低碳、零碳和负碳的绿色发展。

自2020年起，中国电力技术市场协会综合智慧能源专业委员会(简称专委会)每年历时半年左右，通过征集、初评、复审、遴选、答辩、点评等多个环节，最终确定当年的综合智慧能源新业态优秀项目案例。

优秀项目案例按典型的综合智慧能源四个板块进行划分，包括：城镇乡村型、产业园区型、集群楼宇型、平台服务型。

本次出版《能源转型 中国故事——综合智慧能源优秀项目典型场景案例选编(2020—2023年)》，是为了更好地配合实施我国双碳目标和能源绿色转型发展的需要，使开发和创业者便捷地获得典型场景项目可推介、可借鉴经验，使得综合智慧能源新业态进一步持续发展。为创新综合智慧能源的技术路线和商业模式，专委会在2020年以来，连续四年，以“A6联合体”名义每年发布《综合智慧能源优秀项目案例集》。在此基础上，再次进行优化整理选编，作为发电企业、电网企业、能源企业、综合能源服务企业、售电公司、电力用户、系统集成商、设备制造商等参与综合智慧能源新业态规划、建设、实施的样板手册，同时，亦可作为能源发展规划、电气工程及其自动化、电力经济专业的研究机构、高等院校研究生或高年级本科生的选修实习参考书。

借此机会，再次感谢项目案例申报选送和提供单位的大力支持！

中国电力技术市场协会综合智慧能源专业委员会

2023年11月

目录

城镇乡村类

产业园区类

集群楼宇类

平台服务类

综合智慧能源概述

1 新时期 新使命 新内涵

发展综合智慧能源是落实“四个革命、一个合作”能源安全新战略，加快构建清洁低碳、安全高效的能源体系，助力实现“30·60双碳目标”，推进新时代能源高质量转型发展，构建新型电力系统，实现我国低碳能源转型特征、能源革命目标的重要途径及方法。发展综合智慧能源，有利于促进市场主体多元化，激发投资主体积极性，形成公平有序的竞争格局的有效途径；有利于培育和壮大能源新业态，带动能源技术进步与产业升级；有利于推动行业健康有序发展，加强行业管理，推进治理能力现代化和助力地方经济高质量绿色发展。

综合智慧能源是针对特定区域内能源用户，以需求为导向，以安全低碳清洁为核心，以提高能效、降低综合用能成本、降低排放、提高灵活性为目标，以能源多品种、多环节一体化耦合集成和互补利用为特征，以数字化、智慧化为支撑的能源发展新业态。

综合智慧能源摒弃了原有各能源品种、各供应环节单独规划、单独设计、单独运行的传统模式，其特点概括为“三性三化”，即：

融合性。实现用能区电、热、冷、气、水等多种能源的协同生产，协同配送，协同销售，协同消费和源、网、荷、储、用的协同运营。

就近性。实现能源就地生产、就地平衡、就地消纳，充分利用本区域内的能源和资源禀赋，实现区域内能源总量和结构的优化，最大限度地利用和消纳本地区的清洁能源。

互动性。实现不同能源品种之间、供需之间的互动。在市场化价格机制的基础上，增强用户参与需求响应和供需互动黏性，进一步降低用能成本，提高供给侧的生产效率，提升用户侧节能水平。

市场化。建立市场化、公开透明的能源价格机制，提高能源资源配置的效率，合理反映能源的成本变化和稀缺程度，调节供需平衡。

智慧化。应用互联网、物联网、大数据、云计算等现代信息技术，提升能源生产、配送、使用的数字化、智能化水平。建设综合能源控制服务平台，实现能源系统各环节、全流程的协同优化计算，为能源消费者提供可选择、高附加值的能源智慧化增值服务。

低碳化。以提升能效、降低碳排放为目标，供应、消费清洁高效能源，优化配置域内资源与能源，创新生态治理和能源融合，实现区域能源与生态协同发展。在供应端，优先采用风电、光伏、水电等清洁能源生产形式，促进绿色低碳发展；在消费端，减少以煤、油等为主的一次能源消费，综合热泵、储热储冷储电等多种能源使用形式，提高可再生能源和电能在终端用能比例，实现能源清洁低碳。

综合智慧能源范围主要包括供给侧综合智慧能源和消费侧综合智慧能源。

供给侧综合智慧能源主要供能形式：常规煤电功能衍生、固废耦合、供热、供冷、供压缩气体、供工业用水、污水处理、灵活性改造、供热改造、节能改造、光伏治沙、余热余压利用等组合。

消费侧综合智慧能源主要供能形式：分布式风电、分布式光伏、分布式燃机、生物质发电、热泵、储能、微电网、生物质能转化、植物工厂、新能源+农业、换电重卡、港口岸电、车网协同、能源管家、虚拟电厂等组合。

综合智慧能源是新型能源体系的重要组成部分，是构建新型电力系统的必须要素，是推动经济社会绿色低碳转型和高质量发展的有效手段。在双碳目标下，综合智慧能源具有独特的自身优势，可以充分根据各地的资源禀赋、基础设施、土地空间、资金条件等选择适宜的系统集成模式，满足多种用能需求并提供个性化、差异化的能源服务，实现各种资源的多能互补、能源的梯级利用、降低管输费用、提高系统运行的安全性和可靠性，更好地实现低碳、零碳和负碳的绿色发展。

2 精典汇聚　成熟发展

优秀项目案例按典型的综合智慧能源四个板块进行划分，包括：

城镇乡村型：此类型项目以新型城镇乡村建设或改造供能为服务对象，城镇乡村社会经济高质量发展涉及能源供应，城镇及园区三废的集中消纳等。城镇乡村型能源需求用户多为商业、居民、学校、医院、工业园等，用能种类多，注重服务的智能化、便捷性。同时依据城镇乡村对区域景观、人文环境、生活质量等要求，与城镇乡村整体规划建设紧密协同融合。

产业园区型：此类型项目以工业（产业）园区、高新技术开发区供能为服务对象。能源需求用户包括化工、医药、物流、电子、空港、交通、科教、数据中心等，产业园区型项目可为客户提供终端能源一体化解决方案，有效降低区域内能耗、碳排放强度。此类项目是我国经济发展中极具创新能力、潜力和生机的经济单元，亦是能源绿色转型的重要领域。

集群楼宇型：此类型项目聚焦功能特定、分散化、数字化、智能化的建筑楼宇解决方案，达到能源节约、梯级利用、能耗降低的效果。以单体或组合楼宇的供能为服务对象，能源需求用户多为商业综合体、中央商务区、办公大楼、会议中心、商务酒店等，实现“清洁、低碳、智慧”楼宇建设。

平台服务型：此类型项目以提供能源管控系统、能源服务平台以及便捷、贴近用户为主，为不同种类的综合智慧能源项目提供独具特色的平台应用工具，具有前景广阔、数智化水平高、传统与现代理念相互融合、相互协同等特点。同时具有属性化、私人定制、与用户深度融合、环境友好以及源网荷储协同优化等特征，是项目的“中枢神经”“智慧大脑”。

3 典型示范领跑者

每年，为了给市场主体和综合智慧能源新业态提供更加具有示范性和可借鉴、可推广、可复制意义的项目，经组委会和评审指导委员会研究评定，最终确定一定比例的当年项目案例入选为优秀示范项目，作为综合智慧能源新业态、新产业示范项目的领跑者。

从具有统计意义的指标看，项目案例更加突显了综合智慧能源项目的成熟性、示范性和可持续性，项目案例的水平和质量体现了新业态的高质量发展趋势。仅以 2023 年为例，主要表现有：

一是对新型电力系统的贡献。部分电源类项目通过灵活性改造，使目前行业最稀缺的调节能力提高了 20%~30%，部分负荷聚合类项目通过挖掘用户需求响应，调节能力也增加了 30%，极大地增加了电力系统消纳新能源的能力。

二是对新型能源体系的贡献。通过多种能源品种、多环节协同优化，项目平均节能率达到 33%，其中楼宇型案例最为明显，为我国节能产业提供了很好的示范。

三是对实现降低碳排放的贡献。所有项目都不同程度地实现碳减排，平均万元投资额减碳3.5t，为实现双碳目标做出了积极贡献。

四是对拉动地方投融资的贡献。项目平均投资回收期为9年，内部收益率达到11%，特别是很多项目体量不大，电源、用户、电网、技术设备提供商等都可以进入，是投资者的理想选择。

4 绿色能源　转型发展

每一年的项目案例都让我们获得了新的更多的意想不到的结果，同时也见证了综合智慧能源新业态朝气蓬勃的发展和健康茁壮的成长。

综合智慧能源项目的成熟性、典型性、示范性、引领性，标志性地体现了综合智慧能源产业越发成为我国能源转型发展不可或缺的重要支撑之一。同时，也是新时期对保障能源安全稳定供应，持续推动能源高质量发展深刻实践的具体体现。

综合智慧能源在全球能源转型过程中展示中国故事、播种绿色能源、畅想零碳生态，构建人类命运共同体的中国梦；综合智慧能源产业是一片蓝海。

我们出版的《能源转型 中国故事——综合智慧能源优秀项目典型场景案例选编（2020—2023年）》（简称《能源转型 中国故事》），也再一次为能源高质量发展、综合智慧能源的落地实践提供助力。

（1）推动中国式现代化发展的能源方案

《能源转型 中国故事》展示了以综合智慧能源推动中国式现代化发展的能源解决方案，因地制宜、可持续发展的城镇、县域、岛屿等样板，自主创新、独立研发、跨行业融合的综合智慧能源管理平台，绿色转型、数字化、智慧化的管理、清洁低碳供能的产业园区项目范例。充分利用域内资源禀赋、自身环境，灵活调用周边可利用的条件，形成绿色生产方式，改善生态环境，推动美丽中国目标早日实现。

（2）播撒绿色、可持续发展的能源种子

《能源转型 中国故事》凸显了综合智慧能源新业态绿色发展的优势，顺应高质量能源发展的要求，不同种类能源耦合、协同调用，满足多种能源需求应用，绿色能源服务完完全全融入能源生产、输送、销售、结算、决策、数据处理和服务等各个环节，形成一体化、系统化的综合、绿色、智慧的能源供需体系。将绿色的种子以能源的形式播撒在产业链的各个环节，推动全社会绿色能源可持续发展。

（3）用综合智慧能源绘制零碳生态圈

《能源转型 中国故事》展现了零碳生态的美丽蓝图。综合智慧能源用绿色画笔，描绘出双碳目标下的能源生态愿景；将绿色与传统能源结合，勾勒出助力推动能源转型的路径；将绿色与其他色彩融合，刻画了智慧城镇、美丽乡村、秀美岛屿的零碳中国画卷。综合智慧能源以多品种绿色能源协同的方式，弥补单一绿色能源的不稳定，降低新能源对电网稳定性、安全性的影响，构建新型电力系统和能源体系，打造适合于人类与环境共存的零碳生态圈。

（4）新兴投资主体积极参与创新发展

《能源转型 中国故事》显示出新兴市场投融资主体参与能源领域的积极与活跃态度。综合智慧能源相比于传统能源，投资门槛较低，且政策导向明确，同时，小型化、分布式、定制化、模块化等特色突出，供需关系融合度高、互动性强，就地解决、就地消纳，便于满足能源用户专属需求。多种投资主体以综合智慧能源解决用户痛点、解决地方区域需求难点等为切入点，投资能源行业，利用自身技术优势和资源，尝试并实施多种类能源的供应与服务，充分利用能源技术的更新迭代推陈创新，推动能源行业转型发展市场化进程。

（5）创新应用更多能源利用技术

《能源转型 中国故事》带来了一股新的力量、新的技术，更广泛的多元化市场主体的加入，引入了多种技术的创新应用，有力推动了能源技术革命。一是实现客户能源数据、设备数据、工艺生产数据、安全环保数据等方面的实时在线检测和智能分析。二是利用不同种类的余热、余压等技术，配合回收多种品位能源，形成完整的回收和能源梯度利用体系，实现多能互补。三是将自身综合智慧能源规划、管理优势应用于大规模优质的源、网、荷、储等资源，建立生产示范区和试行需求响应激励机制。四是应用能源管控与服务平台，通过采集的实时运行信息数据，同时将气象信息、用户作息规律、节能指标等不同种类的外部相关数据引入负荷预测模型，融合数据驱动理念，实现对负荷变化趋势更为精确的感知以及模型的自演进。

城镇乡村类

煤电转型综合智慧能源新模式 01 案例

1 项目概况

1.1 项目背景

常州市是太湖流域水环境治理重点区域，是“长江经济带”“长三角区域一体化”发展国家战略重点区域。

国能常州发电有限公司(简称常州电厂)位于常州市市区东北部长江南岸，是常州市辖区内唯一一家高效环保大机组燃煤发电企业，是原国电集团成立后建成的第一家600MW级电源项目单位，现役2台630MW超临界机组，分别于2006年5月、11月正式投产发电。

常州电厂周边规模以上企业近300家，综合能源服务市场潜力巨大。尤其是近年来随着常州工业快速发展，蒸汽需求量越来越大，压缩空气需求显著增加。常州市固废污泥产生量可达53.9万t/a，随着常州市内多家污泥处置单位相继关停，加剧了常州市污泥处置保障性不足问题，急需新的污泥处置方案。

1.2 项目进展情况

2020年6月，投用了长27km、*DN*700的西夏墅供热管线，对区域内63家用户集中供热。

2020年6月，正式投产污泥干化掺烧项目，截至目前，已签订污泥处置合同28份，累计处置印染污泥3万t，生活污泥1.91万t，合计4.91万t，实现营业收入763万元。

2021年11月，完成2台高压离心机建设，对外实现供气能力为1.1MPa压缩空气2.7亿Nm^3/a。

2 能源供应方案

2.1 负荷特点

（1）蒸汽供应负荷

结合地方发展规划，常州电厂对外供热，机组在保证安全运行的前提下满足周边用户的热负荷需求。

（2）压缩空气负荷

与常州电厂隔路相邻的林德气体（常州）有限公司（简称林德气体）有较大量的压缩空气需求，为契合当地的产业发展规划，常州电厂对其提供压缩空气。

林德气体压缩空气参数要求：

高压参数：最低压力 1.03MPa，最小空气量 15000Nm^3/h，最大空气量 35000Nm^3/h，温度 80℃，颗粒度杂质≤1μm；

低压参数：最低压力 460kPa，最大空气量 55048Nm^3/h，温度 80℃，颗粒度杂质≤1μm。

（3）污泥处置负荷

常州市共有 23 座污水处理厂，其中，市区拥有城镇污水处理厂 17 座，2020 年，常州市区污水处理厂污泥产量为 204tDS/d（DS：绝干污泥量），预计 2030 年污泥量为 259tDS/d，污泥处理处置形势更加严峻。

2.2 技术路线

（1）蒸汽供应技术路线

常州针对低压热负荷和中压热负荷采用不同的方案。低压供热采用用冷段、一抽或热段直接减温减压方案，中压供热采用主汽进入背压机做功，排汽对外供中压热负荷的方案。

减温减压方案：减温减压装置方案技术成熟，系统管路相对简单，改造周期短，投资相对较少，主要是减温减压器费用、管道费用和电气仪表费用。该方案调节性能好，可稳定输出符合供汽参数要求的二次蒸汽。

背压机排汽供热方案：背压机排汽供热具有在实现热电联产的同时，有效地利用蒸汽的高位能发电，低位能供热等优势，提高了机组热效率，减少了冷源损失。

(2) 压缩空气供应技术路线

经比较分析，从能量转化效率角度来讲，电动空压机方案优于汽动空压机方案(见表1)。

表1 能源转换效率对比表

序号	项　目	空压机由小汽轮机驱动	空压机由电动机驱动
1	相对内效率	小汽轮机 83%	主汽轮机中压缸 93%
2	发电机效率	无	发电机 99%
3	电动机效率	无	95%
4	总计(1×2×3)	83%	87.5%

(3) 污泥干化掺烧技术路线

为了响应国家环保政策引导和促进污泥焚烧技术发展，本项目技术路线采用卧式圆盘干燥机(蒸汽间接换热干化)+发电厂燃煤锅炉耦合焚烧工艺(如图1所示)，以热导型卧式圆盘干化机为关键设备的干燥系统，利用饱和或过热蒸汽对污泥间接加热，使污泥中的水分蒸发，干化后的污泥输送至电厂输煤皮带，经磨制系统后送入锅炉焚烧，干化产生的废气直接接入锅炉炉膛焚烧。本项目具备年处理9.9万t生活污泥和6万t印染污泥的固废处置能力。

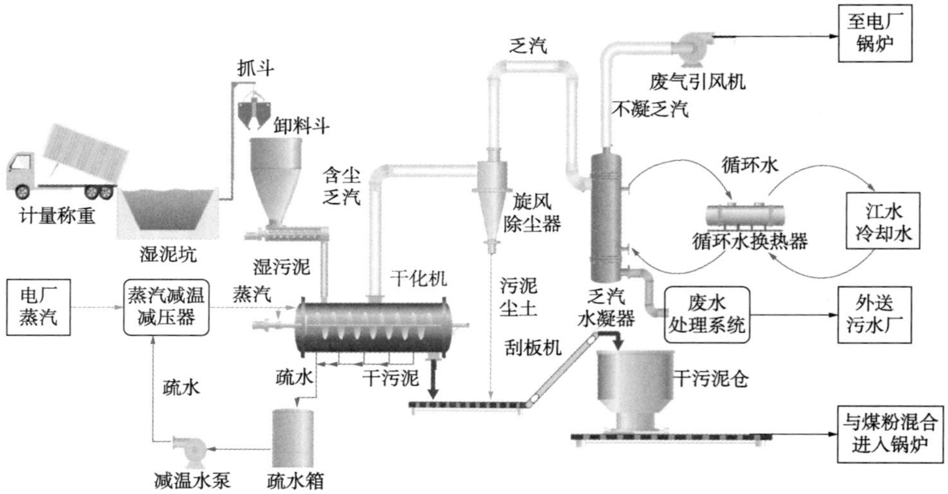

图1 卧式圆盘干燥机+发电厂燃煤锅炉耦合焚烧工艺技术路线图

2.3 装机方案

(1) 蒸汽供应方案

新增一台功率为12000kW的背压机，并拖动一台功率为11000kW的异步发电机，所发电量直接并入厂用电系统。采用原锅炉新蒸汽(22.2MPa、566℃、120t/h)作为汽轮机进汽，背压汽轮机排汽参数为4.55MPa、340.7℃，经减温器降低到290℃后供给工业用户。背压机同时也需要并联一路主蒸汽直接减温减压管道，正常通过背压机对外供热，在背压机停机时或者单机运行需要对低压供热进行补充时，通过主蒸汽直接减温减压对外供热，保证供热可靠性。

(2) 压缩空气供应装机方案

用户需要高压压缩空气，高压缩空气负荷有波动。电动空压机初采用表2选型方案。

表2 电动空压机选型方案

序号	品牌	名称	用气量/(Nm^3/h)	用气压力/MPa(表)	机器型号	产气量/处理量/(Nm^3/h)	电机功率/kW	每标立方电耗/(kW·h)	数量
1	AtlasCopco	高压离心机	32000	1.05	ZH2000-11.7 FS2	16000	2000	0.129	2

(3) 污泥处置装机方案

本项目工艺方案采用热导型卧式圆盘干化机作为关键设备的干燥系统，利用饱和或过热蒸汽对污泥间接加热，使污泥中的水分蒸发，从而达到干燥的目的。

设备参数：

处理能力：5×100t/d。

装机功率：110kW。

传热面积：411m^2。

干化方式：间接传热。

配套设备：减速机，齿轮传动。

3 用户服务模式

3.1 用户需求分析

(1) 工业用汽需求

随着常州工业快速发展，工业用气(汽)需求量越来越大，滨江开发区政府拟对距公司5km的百丈工业园区进行重新规划，打造成绿色、智慧、低碳综合能源服务示范区。该工业园规划占地 2.75km^2，计划于“十四五”期间建成，建成后对压缩空气、蒸汽等有巨大需求。

（2）城市污泥处置方案

城市污泥已逐步成为制约城市生态发展的巨大痛点，如果污泥得不到有效的处置，对于当地经济发展、居民生活和生活稳定都会带来影响。

3.2 服务模式

蒸汽供应项目、压缩空气供应项目由常州电厂投资、建设，向周边工业用户供应蒸汽、压缩空气。

污泥处置项目由国能龙源环保有限公司与常州排水公司、常州燃气热力集团有限公司共同投资组建项目公司作为投资主体，与常州发电厂签订 BOOM（建设-采购-服务-运营）合同，在电厂机组寿命期限内，龙源环保负责提供设计投资建设、设备采购与集成、工程服务、运营维保等一体化服务及解决方案，电厂方负责提供项目建设用地、废弃物堆放场地，保障水、电、汽等资源。

4 效益分析

4.1 经济效益

（1）蒸汽供应

2020 年 6 月投用了长 27km、*DN*700 的西夏墅供热管线，实现了西夏墅燃气热能站供热替代，并落实了广达热电的供热替代。可实现供热峰值 320t/h，单日最大供热量达 6482t。

（2）压缩空气供应

本项目实施方案为在常州电厂厂区内实施综合能源服务压缩空气经营项目，经常州电厂与林德气体双方协商确认，前三年常州电厂收回投资成本；从第四年起双方各占利润空间 50%。

（3）污泥干化掺烧

以污泥焚烧服务为契机，与污泥单位签订直供电合同，每年新增售电可超过 1kW·h；每年销售蒸汽 12 万 t；污泥干化后送入锅炉焚烧可以降低煤耗，每年节省约 8500tEC/a，减少 CO_2 排放约 2.3 万 t/a。

4.2 环境效益

通过背压机供热、一段抽汽供热进行长距离、大范围供热，替代周边分散低效未实现超低排放的小锅炉，以及采用循环水温排水余热供热等方式，全年向社会供热363.35万GJ，提高了电厂自身的能源利用效率，可提升社会综合能效约30%，节约标煤4.36万t，减少CO_2排放约11.34万t。同时，分散低效的小锅炉取代后，大大降低了区域内二氧化硫、氮氧化物、烟尘等污染物排放，社会综合环境效益显著。

通过发电厂燃煤锅炉耦合焚烧污泥工艺，污泥干化掺烧项目投产后，电厂协同处置太湖流域污泥15.9万t/a，在原来的基础上节省标准煤1.71万t，减少CO_2排放4.53万t/a、SO_2排放410t/a、NO_x排放119t/a、$PM_{2.5}$排放256t/a。

4.3 社会效益

通过实施综合能源服务转型，有效地缓解了政府对园区企业管理的压力，减少了政府的支出，为政府在区域环境治理、安全管理等方面提供了有效支持，为打造安全园区、和谐园区助力；

通过实施综合能源服务转型，减少了区域的散、乱三废（废气、废液、废渣）排放，为建设美丽江苏助力；

通过实施综合能源服务转型，提升了区域能效，降低了区域整体能耗，有效减轻了区域碳减排量，为打造节能低碳示范园区助力；

通过实施综合能源服务转型，进一步实现区域的集约式节能，为依托存量火电提供综合能源服务，实现区域系统性降碳，建立一套可复制、可借鉴的模式，进行了有效的探索。

县域开发“样板房”综合智慧能源项目 02 案例

1 项目概况

1.1 项目背景

汪清县隶属于吉林省延边朝鲜族自治州，是有着红色光荣传统的革命老区，县域内留存历史遗址、遗迹 300 多处。该县辖区面积 9016km^2，是吉林省第二大县，全年总日照时数为 2234h，具有发展光伏产业的优势。2021 年 7 月 21 日，吉林电力股份有限公司吉林吉电新能源有限公司(简称吉电新能源)基于汪清县资源和光伏发展基础，开展在汪清县域开发“样板房”综合智慧能源项目建设，积极推动能源生产利用方式变革，促进分布式光伏规模化开发，完善和优化汪清县能源供给结构，落实清洁能源消纳，着力构建清洁低碳的现代清洁能源体系，推动产业振兴和美丽乡村建设。汪清县县域开发“样板房”综合智慧能源项目已纳入国家电投集团公司首批县域开发“样板房”项目，并进入全国整县(市、区)屋顶分布式光伏开发试点名单，是吉林省目前唯一进入该名单的项目。

1.2 项目进展情况

据统计，分布式光伏规模化开发样板工程可建设项目规模达 499.54MW，其中，党政机关分布式光伏建设容量为 3.64MW，医院学校等公共事业建筑为 15.36MW，工商农牧业厂房为 322.22MW，农村居民用地及宅基地为 106.14MW，集体未利用地为 50MW，BIPV 及微电网工程建设容量分别为 300kW 及 2000kW。此外，“光伏+”美丽乡村工程可建设容量为 340kW。

汪清县域开发“样板房”首个项目于 2021 年 8 月 27 日开工建设，规划容量为

1.45MW，截止到2021年12月31日，宁波北仑·吉林汪清健康科技孵化园示范项目、天桥岭镇分布式光伏示范项目、复兴镇卫生院分布式光伏示范项目已并网发电。“样板房”18.88MWp项目已全部完成项目备案；剩余容量正在开展项目选址和规划设计阶段，于10月31日实现全容量投产。

2 能源供应方案

2.1 负荷特点

因汪清地区工业较少，故主要以10kV用户接入为主。根据数据分析，“十三五”期间，10kV用户接入量呈上涨趋势，进入“十四五”时期，为贯彻国家发展改革委和国家能源局《关于全面提升“获得电力”服务水平持续优化用电营商环境的意见》，提高接入低压容量标准。2021年底前，城市地区16kW及以下、农村地区100kW及以下小微企业采取低压方式接入电网，2022年底前，160kW及以下小微企业全面实行低压方式接入电网。其他客户逐步提高低压接入容量至100kW，因此，近年来10kV用户接入量呈下降趋势。

经分析，区域内商业负荷四季差异并不明显，在白天处于负荷高峰，夜晚趋近零点；市政负荷夏天明显比其他季节高很多，负荷从白天到夜晚平稳上升；工业负荷冬季和夏季差异较大，春秋无明显变化，在白天有两个高峰；农业负荷四个季节都有较为明显的差距，在上午和下午也呈现出两个高峰。由此可分析出，不同类型的负荷在四季和每日用电集中时间各有不同，如果把负荷的时序特性考虑在内，优化电力资源的分配，规划和设计结果会更合理。

2.2 技术路线

本项目设置一套能源、政务、社群“三网融合”管控平台系统如图1所示，实现分布于不同位置的光伏、电锅炉供热、智慧路灯、智慧座椅以及配电系统集中监控管理，并与政务、社群等办公系统融合，将能源、政务、社群信息服务的数据、报警、操作事件等信息存储在数据库服务器，统一在园区信息中心实现查询、显示、打印、管理等功能。能源区域的视频信号也接入管控平台系统监视。

（1）“三网融合”管控平台系统

平台系统拟采用国家电投自主开发的“天枢一号”平台，展示乡镇相关数据信息。

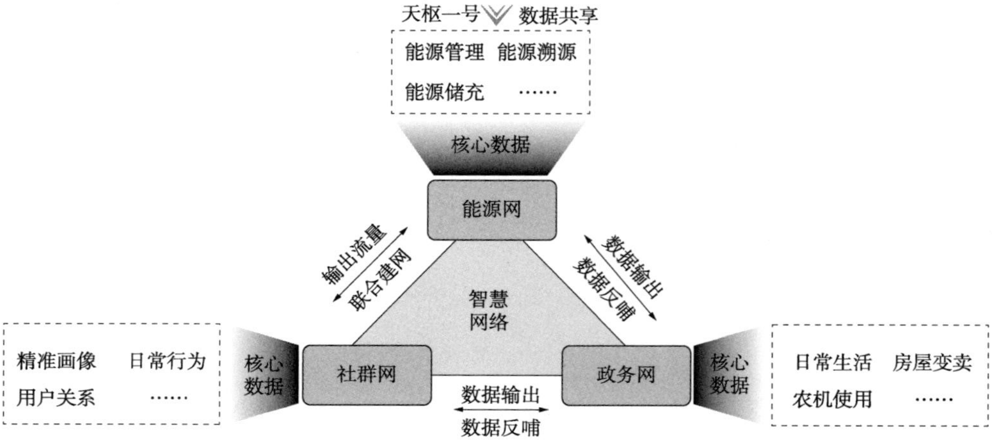

图 1 “三网融合”示意图

通过天枢系统，共享和分析综合智慧能源项目内数据，使综合能源的管理智能化、集成化、远程化、图形化，实现对本项目的总体集成和动态管理，提升项目能源综合利用率、降低碳排放的目标。

（2）平台架构方案

“天枢一号”为基于云计算、大数据构建的综合能源智慧服务与管控平台，为应用提供高效、安全、灵活的软硬件环境。平台分为多层架构：数据生产层、数据处理层、数据存储层、云服务层、云应用层和公共服务层。

2.3 装机方案

党政机关、学校、医院、村委会的建筑屋顶基本为平整的水泥屋顶，四周多见女儿墙、天线、空调，还有广告牌及间隔墙等。屋顶面积为几百到几千平方米不等，可装组件在几十千瓦到几百千瓦。采用目前技术最为成熟、成本相对最低、应用最广泛的固定式安装方式，同时从安全角度考虑，安装倾角不宜超过 30°。针对坡屋顶，则采用随坡就势的平铺方式。规划采用高效单晶硅 PERC 半片 540Wp 光伏组件，26 块串接为一组。逆变器拟选用组串式，有利于减少不均匀遮阴等对发电量的影响。考虑到女儿墙、广告牌等遮挡物，在铺设的时候，组件距离遮挡墙体应适当留 1m 以上的距离。

根据建筑物的面积不同，预计建筑屋顶容量可分成 50kW 以下小型屋顶，50～200kW 的中型屋顶，200～400kW 的中大型屋顶等 3 个场景。针对这 3 个场景做如下的电气设计。

（1）小型屋顶（20kW/40kW）设计方案

本方案适合屋顶面积较小，只装几十千瓦组件的场景，单台三柜组串式逆变器进行并网，每个接入逆变器的组件配置对应的优化器。逆变器输出通过一个并网接入箱接入电网，逆变器通过通讯棒将电站运行信息上报到智能光伏管理系统，实现智能运维。

（2）中型200kW屋顶设计方案

本方案适合200kW的交流功率屋顶光伏电站。配置智能光伏逆变器，逆变器经汇流后输出到接入用户的低压配电柜。使用1个智能数据采集器，将智能光伏的信息通过无线信号传输到智能光伏管理系统。

（3）中大型400kW屋顶设计方案

本方案适合400kW的交流功率屋顶光伏电站，配置40~225kW智能光伏逆变器，逆变器先进行一次汇流，然后再接入用户的低压配电柜。整个光伏电站可使用1个智能数据采集器，将智能光伏的信息通过无线信号传输到智能光伏管理系统。

3 用户服务模式

3.1 用户需求分析

公共建筑土地选用产权明确，运营稳定、一般不会有较大幅度改造的土地。用电负荷主要是办公用电，包括照明、空调、电梯、通风、服务器、充电桩等，总体用电量随办公时间变化而变化。

3.2 服务模式

由吉电新能源公司与汪清县人民政府成立平台公司共同开发汪清县域分布式光伏项目。项目拟采用“自发自用，余电上网”的模式，为用户提供9折电价优惠。

4 效益分析

4.1 产业带动效益

本规划的实施可以实现以光伏为核心的“一业促多业”“一点带多点”，促进清洁能源产业规模化发展与传统产业抱团发展，大大带动了各产业上下游产业的发展，推进传统产业转型升级，助力汪清县新旧动能转换。

4.2 环境效益

项目建成后年发电量约6亿kW·h，每年可节约标准煤约18.4万t，每年可减排CO_2约1382t、SO_2约1382t、NO_x约1441t、烟尘约241t。项目节能减排和环保效益明显，可再生能源是取之不尽、用之不竭的低碳环保可持续能源，大力发展可再生能源可减少对化石能源的依赖，达到减碳和保护环境的目的，同时带动相关产业发展，增加就业岗位，对环境和社会发展起到重要且积极的作用。

4.3 社会效益

（1）促进人与自然和谐共生

发展清洁能源是建设绿色低碳发展模式的抓手和落脚点，是提高人民生活品质和幸福指数的必由之路。清洁能源应用具有显著的人本导向，着力于改善生存环境、提高生活质量，适应人类环保要求和健康需要，在追求经济效益的过程中更加注重社会效益和生态效益，在创造财富的过程中更加注重统筹经济、社会、人口、资源、环境等各种要素，更加兼顾个人与集体、局部与整体、当代与后代的关系。

（2）引导养成绿色发展方式和生活方式

分布式光伏规模化开发试点，构建科学合理的城镇化推进格局、农业发展格局、生态安全格局，科学布局生产空间、生活空间、生态空间，扎实推进生态环境保护，让良好生态环境促进提高汪清县人民生活质量。推动生产方式绿色化，构建科技含量高、资源消耗低、环境污染少的产业结构和生产方式，实现绿色循环低碳发展。全面推动汪清县居民形成绿色生活方式，以节约资源、保护环境为荣，树立绿色理念，践行绿色实践，推动养成节约适度、绿色低碳、文明健康的生活方式和消费方式。

青岛中欧国际城污水源热泵供热/冷项目 03 案例

1 项目概况

本项目位于青岛市高新区，供能范围包括青岛中欧国际城板块(38 个地块及配套)及伊甸园板块(核心区及配套商业)。供能区域总建筑面积为 443.62 万 m^2，供暖接入面积 407.16 万 m^2，供冷接入面积 137.87 万 m^2。本项目于 2019 年底启用污水源热泵系统进行供热，燃气锅炉作为调峰热源。截至 2019 年，接入面积 48 万 m^2，供热面积达 15 万 m^2，增幅达 350%，热用户达 1200 余户。

中欧国际城荣获“中欧绿色和智慧城市技术创新奖”“中欧低碳生态示范项目”称号，是青岛市确立的清洁能源示范供热区之一。预计 2020 年全市清洁供热面积达到 1.8 亿 m^2，占总供热面积的 57.4%。其中，热源挖潜和工业余热利用供热面积 66km^2，占总供热面积的 20.9%；可再生能源供热面积 0.41 亿 m^2，占总供热面积的 13.0%；天然气供热面积 0.74 亿 m^2，占总供热面积的 23.5%；年替代标煤 207 万 t，清洁能源供热缺口较大。

2 能源供应方案

2.1 技术方案

青岛高新区污水处理厂位于中欧国际城项目用地以南约 150m，青岛中学以东约 200m，是高新区最大的污水处理厂，设计能力为 18 万 t/d，一期处理水量在 9 万 t/d，水质达到 1 级 A 类排放标准。其目前日处理水量超过 4 万 m^3，连续稳定运行。污水源冬季水体平均温度为 12~13℃，夏季水体平均温度为 25℃，可作为能源站稳定的冷热源。

本项目能源母站采用污水源热泵、燃气锅炉，能源子站采用电极锅炉、冷水机组、蓄能水罐(如图1所示)，供冷规模为113MW，供热规模为157MW，年供冷量约为35.4万GJ，年供热量为152万GJ。由能源母站至中欧国际城区域一次管网已完成部分施工建设(含穿越火炬路部分)，一次网主管(2支)管径为*DN*600，部分地块2017年已实现供热。

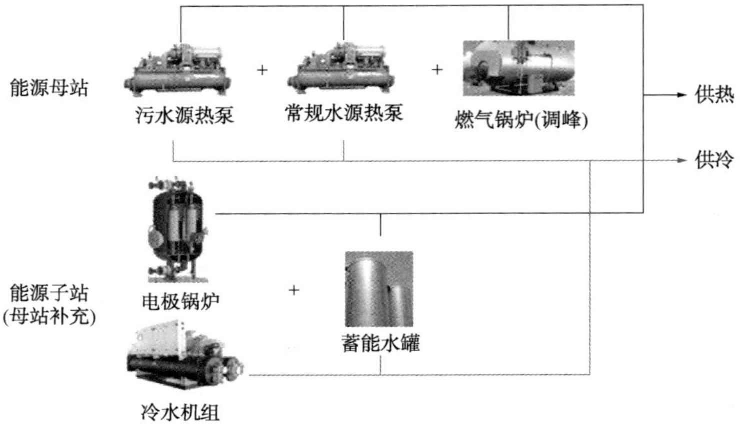

图1　项目技术方案示意图

将现有能源中心作为能源母站，另考虑在中欧国际城片区北侧规划建设能源子站，选址暂时考虑在C6地块地下空间。母站承担基础用能负荷，优先运行污水源热泵和常规水源热泵，燃气锅炉用于供热季调峰。母站承担中欧国际城大部分冷热负荷(现有2支*DN*600管网)和伊甸园冷热负荷(新建一支*DN*700的热力管网至伊甸园)，总供热能力为148MW，总供冷能力为70MW。

能源子站供热季电极锅炉仅在谷段时间运行，采用全量蓄热模式，峰平时段释能；供冷季冷水机组、蓄能水罐作为母站的补充调峰。主要承担中欧国际城区域剩余用能负荷，子站供热能力为9MW，供冷能力为43MW。

2.2　建设情况

能源中心一期：能源站一期建筑工程已竣工验收并备案完成，能源站一期污水系统机电安装工程已竣工验收。能源站完成80%标准化建设，污水源系统子项目竣工验收，自动化系统数据已同步上传本部。

换热站建设：已投运6个换热站完成标准化建设，在建换热站B2、D5、D7安装已完成60%。

管网建设：整个区域约90%的一次网完成敷设，二次网及立管根据开发进度完成施工。

能源站智慧研究院：实验机组完成调整，已正式运行。

3 用户服务模式

本项目以项目公司为主体采用BOT(建设-运营-移交)模式，投资该项目能源中心。政府颁发该区域三十年供热特许经营权，项目公司负责该项目投资、建设、运维服务，与用能单位或用户签订用能协议，收取该特许经营范围内的供热配套费以及30年的供冷、供热使用费，回收投资、贷款利息并获取相应的利润。能源中心与整个建筑有机结合，形成整套智慧能源系统，采用合同能源管理，包括：项目立项、项目融资、项目设计、项目施工、项目运行管理等内容。

BOT投资运维模式具有以下优势：

1）节省投资，可缓解政府财政资金压力；

2）系统优化，实现建设与运营的整体性、延续性；

3）便于管理，用户在按时、保质地享受供能服务的同时不再操心于繁杂的运行维护，不必分析故障由哪部分产生的该由哪家单位负责维修，避免多单位推诿、扯皮，获得良好的用户体验；

4）服务专业，投资商长期从事此专业领域工作，拥有设计、施工、运行全生命周期专业队伍，明显提高专业化水平，提高服务质量，保证运行安全；

5）节能环保，减少尾气排放，减少对环境污染的程度。

4 效益分析

4.1 经济效益

项目内部收益率为11.53%，投资回收期为12年。

4.2 环境效益

本项目供冷规模为113MW，供热规模为157MW，项目具有明显的节能环保效应，达产后年可节约标准煤17028t，减排$CO_2$41890t，减排$SO_2$281t，减排NO_x 266t。

5 经验总结

（1）准确预测目标市场用能需求

2019—2020年采暖季新增4个供暖地块，平均入住率不足20%，入住率低，成本较高，供热效果较差；供热初期报修量多，工作负荷大，报修主要原因为业主自行增加供热面积，导致房间采暖设施分配不均衡；排气和清洗滤网任务繁重。

（2）提高客户满意度

通过定期回访，加强与业主互动，运营期邀请业主代表参观运维管理设备，体验运维现场工作，加强与业主纽带联系，提高业主的满意度。提高业主参与度，供能中期给业主发放意见反馈表，征集业主建议，提高运维技能水平。供能结束后，邀请业主参加本季供能满意度调查，寻找运行的痛点、难点，下季度运维重点改进。

（3）多种技术耦合，提高保障性

燃气锅炉为居民供热，成本较高；污水量在供热需求最大的情况下反而最小，单纯的污水源热泵系统供热保障性较差。采用污水源作为基础热源，燃气锅炉作为调峰热源，具有良好的保障性。

多元化绿色智慧能源一站式解决方案应用案例 04 案例

1 项目概况

1.1 项目背景

申菱环境高新区智造基地位于顺德高新区，集办公、研发、制造于一体，定位为“全生命周期数字低碳园区”，目标打造“智慧园区+智能制造+智能产品”的三智标杆，建成国内乃至全球领先的专业特种环境系统研发制造中心。项目总用地面积为 133232.06m^2，总建筑面积 186958.33m^2，计容建筑面积 291676.38m^2，建设 3 座厂房、化学品库、辅助用房、气罐站、研发楼、综合楼及其他配套设施。整个园区涉及多种用能，包含电能、天然气、压缩空气、冷热能等。作为制造业，公司生产对于电能和冷热能需求量大，2019—2021 年公司均用电量达到 850MW · h，生产用电、冷热能需求主要集中在尖峰时段，电网压力剧增。

1.2 项目进展情况

本项目于 2019 年 10 月 1 日开始施工建设，2022 年 5 月 8 日竣工并投入运行。

2 能源供应方案

2.1 负荷特点

本项目位于广东省佛山市顺德区，该地区夏季时间长，冬季时间短。整个园区是集成生产、办公、生活的三智园区。园区对于冷、热、电等多种能源需求量大：

1）生产过程和设备测试期间用电量大；

2）生活、办公区域供冷面积大；

3）工艺生产和园区生活用的热水需求量大，温域宽(有多种类型热水需求)。

2.2 技术路线

整个项目拟采用“绿色发电+清洁供热+多元化储能+智慧能源管理”的综合能源解决方案。园区引入光伏发电能源，采用光热技术、热泵技术和余热回收技术等一系列热利用技术，将大自然的热量和废热转化为更高品位的热源，实现园区的清洁供热。在清洁供能的基础上配置多元化储能系统(蓄冷储热、电化学储能)，搭载智慧能源管理平台，降低园区能耗，实现园区能源生产与用能平衡，助力园区绿色低碳转型。

(1) 超大温差水蓄冷供冷系统

园区采用超大温差水蓄冷+高效冷站+高效末端，在这个基础上搭载制冷站智慧管理系统，有效解决园区的冷源供应，提高整个园区的能源利用率。整个供冷系统的供冷面积达到$5.25\times10^4 m^2$，夜间谷电蓄冷，日间放冷，既有效减少园区的运行费用，同时也降低园区日间的整体用电功率，年运行费用仅为28.8万元，相比常规中央空调系统，降低80%的运行费用。

1）超大温差水蓄冷系统。

项目合理利用消防水池作为蓄冷水池或者搭建蓄冷水罐，配合申菱环境自主研发的高效超大温差机组，实现夜间蓄冷，日间供冷，有效避开高峰紧缺时段用电，实现电网移峰填谷，避免高峰时段“拉闸限电”，稳定保障园区供冷。

2）高效冷站。

园区的冷站采用超大温差磁悬浮冷水机、超大温差变频螺杆冷水机组、超大温差冷热水机、全过程BIM(建筑信息模型)精细化施工如图1所示，制冷站的综合COP制热能效比达到5.5。

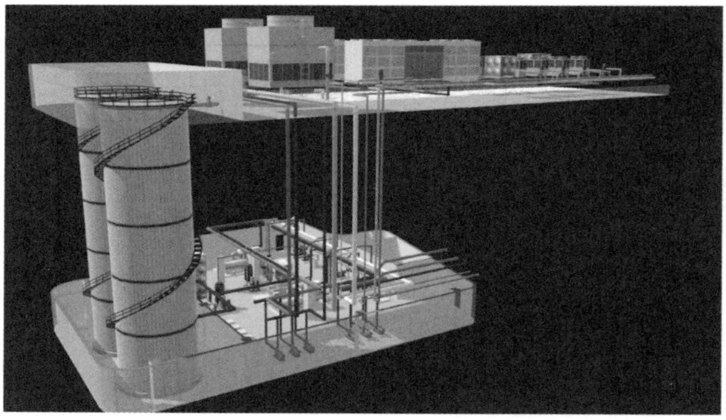

图1 高效制冷机房+水蓄冷图

3）制冷站智慧管理系统。

依据空调及配套设备能效特性，构建中央空调系统负荷能效模型，设置主动寻优控制策略，使系统在高效区域运行，减少运行能耗及节约费用；加上风水联动控制策略和人工智能算法负荷预测，保证舒适度的同时提升整体系统能效。

（2）光储充一体化绿色供电系统

本项目位于广东省佛山市，日照年均时长是1200~1600h，太阳能资源丰富，且夏季室外温度高，持续时间长，光电和光热资源充足。因此，本项目的可再生能源采用光伏发电+光热集热系统，能够有效利用太阳能，为厂区提供必要的电能和热能需求。

1）光伏并网供电系统。

在项目规划的生产区域顶部布置光伏组件，接入生产区用电动力配电箱，并增加户外储能集装箱，形成一套并网的微电网系统。

在配电网中实施分布式微电网储能，调控分布式电源和负荷协同运行，弥补分布式电源出力随机性对电网安全和经济运行的负面影响，可实现峰谷价差套利，参与电网一次调频、自动发电控制、调峰、无功调节、备用、黑启动等辅助服务。在并网微电网系统上搭载微网能量管理系统（EMS），如图2所示，实现对微电网的光伏发电单元、储能系统和负荷之间的管理（具备光伏单元功率预测，功率波动平抑，储能单元削峰填谷，应急电源控制和负荷预测等功能），优化微电网的能量分配，实现整个系统的经济优化运行。

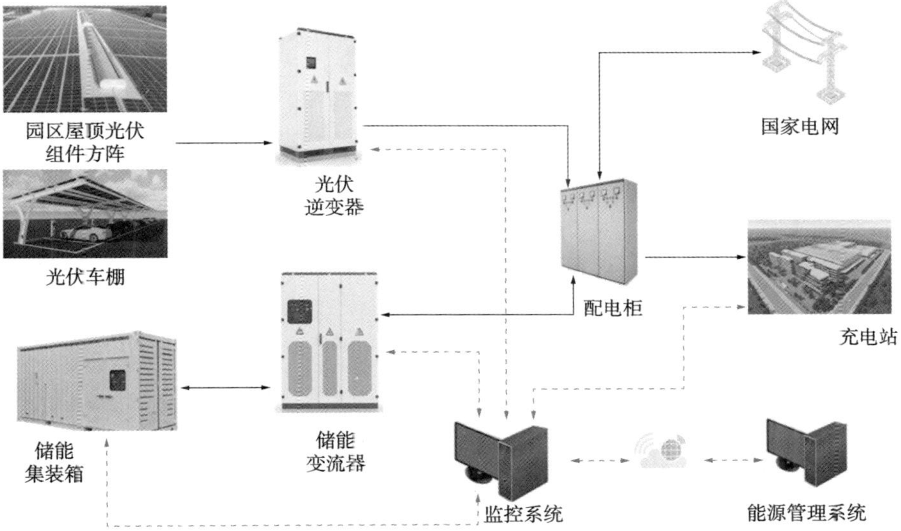

图2　光伏并网微网系统图

厂房屋顶光伏覆盖面积达到 85%（如图 3 所示），年发电量达到 610MW·h，年减少排放约 2274t 二氧化碳当量。

图 3　园区屋顶光伏组件布局图

2）光储充能源站。

在室外停车位利用光伏组件设计成单臂式车棚，减少光伏组件占地面积，有效利用空间；光伏系统能够利用太阳能进行发电，搭载储能系统，在光伏发电的峰值时段对余电进行储存，柔性调配，平滑整个光储系统，保证整套系统安全可靠运行（如图 4 所示）；在夜间储能系统能够利用低谷市电充电，进行削峰填谷，柔性调配用电，降低厂区日间尖峰用电负荷。

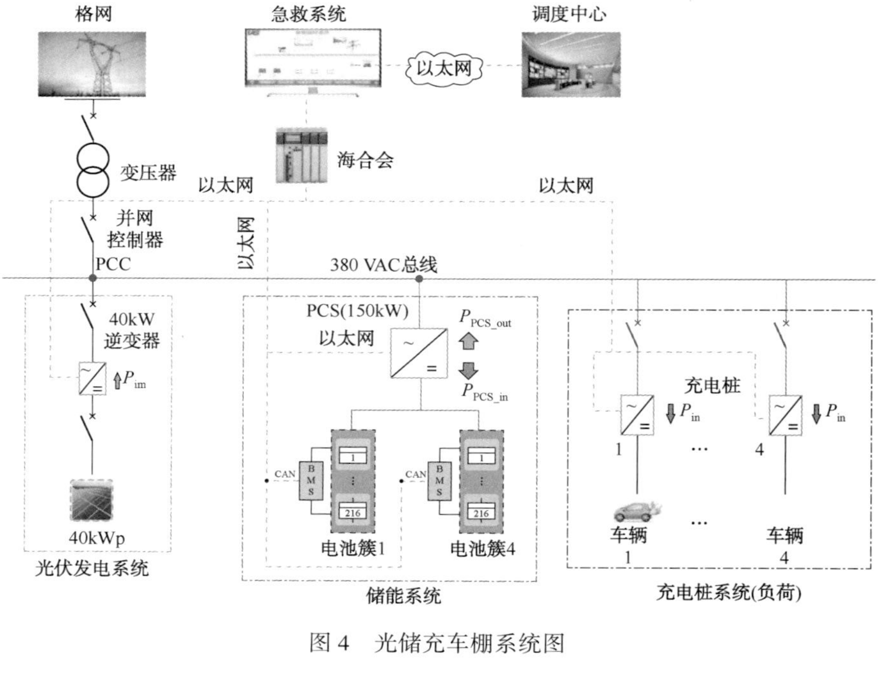

图 4　光储充车棚系统图

如图 5 所示，整个园区一共配备 20 台慢充电桩和 5 台快充电桩，光伏车棚目前占据 6 个车位，光储充车棚的储能机柜的容量达到 300kW · h，后期将进一步扩大光伏车棚覆盖面积，提高园区绿色用电比例的同时，也鼓励园区员工绿色出行。

图 5　光储充车棚现场图

3）光储充能源管理系统。

光储充能源管理系统对电站综合数据、系统性能、功率辐射曲线、上网电量与发电量、电站损耗等进行实时监控，及时掌握电站整体运行水平，确保电站整体性能，同时应用峰谷策略、最大需量策略、计划曲线策略、跟随指令策略、充放策略等智能化运行策略，结合光伏性能分析、光伏日负荷曲线、光伏功率辐射强度对比、储能收益分析、储能电池自放电特性分析、储能电池电压特性分析、储能 PCS 储能变流器功率电流分析、储能 SOC 荷电状态变化曲线、充电桩系统分析，确保光储充最优化运行。

（3）储热及热利用系统

1）光储热供热系统。

工业园区在生产过程以及生活办公中对热水的需求量大，本项目在规划的楼顶位置设计 PV/T 光伏光热一体化能源系统（如图 6 所示），能够有效利用太阳能进行发电，自发电可以用来带动整个系统的运行，多余的电储存到电化学储能系统中；光伏光热组件在发电的同时，在不同的气候环境下，能够吸收外界太阳能的热量提供 40～60℃的热水，配合热泵进行进一步提品，能够满足工业园区的用热需求，实现清洁供热。

夏季，光伏光热系统能够为办公楼提供 10～60℃的生活热水；在冬季能够提供 40℃的热水，满足办公楼小范围的供暖需求。

图 6　楼顶光伏光热系统现场图

2）热泵清洁供热系统。

通过合理搭配高效高温级热式冷水热泵机组，回收制冷站组的低品位冷凝余热，制备高品位的热能，为生产、办公、宿舍和食堂提供廉价热水；在冬季可以回收生产余热提高品位后为办公楼和宿舍进行供暖，同步蓄热，与光热储热系统相互协调互补，保障冬季连续不间断供暖。

采用高效冷热水一体机，能够回收制冷站低温冷凝余热，在制冷的同时，为园区办公区域提供 20t 的免费热水。

采用空气源热泵系统为园区的生活区提供生活热水，冬季总热水供应量达到 90t，年综合能效 COP 达到 3.2。

3）智慧热管理系统。

针对园区的多种热利用技术，公司自研了智慧热管理系统，实现整个园区热源的统筹管理，在统筹所有热源的基础上，采用多能互补的调度策略保障园区稳定供热。并通过设备实时监测系统的运行状态，根据园区用热需求和用热习惯，按需蓄热，降低整个园区的供热费用。

① 多能互补策略。因地制宜、统筹开发、互补利用燃气炉传统热源、清洁光热和园区余热，实现多能协同供应和能源综合梯级利用。

② 实时监测。对设备运行参数、热管网水温、蓄热量、用水量等进行的实时监控。

③ 按需蓄热。根据用水习惯及热水量需求，实现蓄热量及动态液位优化；实现蓄热量分时季节动态变化，减少热量损失，提升整个系统的节能率。

(4) 智慧能源管理平台

申菱环境自主研发 AIoT 平台，通过 IoT 将设备与云平台连接，对设备能耗进行分析、评估，实现系统的最优运行，并保障长期可靠的节能运行、智慧运维。平台采用的是分布式集群框架，提供稳定可靠的算力，具备高吞吐、低延时的数据并行处理能力，可满足大规模的设备接入。平台支持多协议、多网络、多类型设备快速接入，提供标准化服务及应用，缩短物联网设备上云的研发周期。平台对接入的设备进行全生命周期管理，可连续不间断地对设备进行实时的监控、分析，通过对各类设备参数的实时采集接入以及建模分析，用户可在 PC 端，或者通过移动端 App 随时随地实时掌控所有设备运行状况。通过数据采集，分时、分类、分区、分项地监控整个园区用能情况，做到实时、多维度、可视化能耗统计分析。在能耗优化方面，我们也针对暖通系统开发了一套节能应用方案。基于大量的历史冷量负荷数据，并考虑诸如天气和其他相关影响的参数，训练并上线了暖通冷量负荷预测模型，通过提前预测下一时刻的负荷需求，后台系统计算选取最优的群控节能运行策略，并把运行策略下发到现场控制端，现场控制端再自动根据运行策略启停相关设备，实现暖通系统的高效运行，节能节费。

1）智慧能源管理系统数据结构。

智慧能源管理系统（如图 7 所示）以费用最低为目标，需求模型为输入参数，能耗模型作为约束条件的闭环方程模型，实现中央空调系统、生活热水系统、光伏光热一体式系统日运行费用最低的运行目标，且系统具备自学习和迭代校正功能，随着运行数据累计和精度迭代，费用节约率将日趋提升。

2）智慧能源管理系统计算流程。

本项目算法计算流程如图 8 所示。

3）智慧能源管理系统算法模型。

需求模型库的作用为需求预测，本项目的预测需求包括刚性用电预测、冷量需求预测和热水需求预测，鉴于余热为工业园区广泛的能源回收方式，本项目整体考虑但不与其他系统进行耦合。本项目的需求模型库结构如图 9 和图 10 所示。

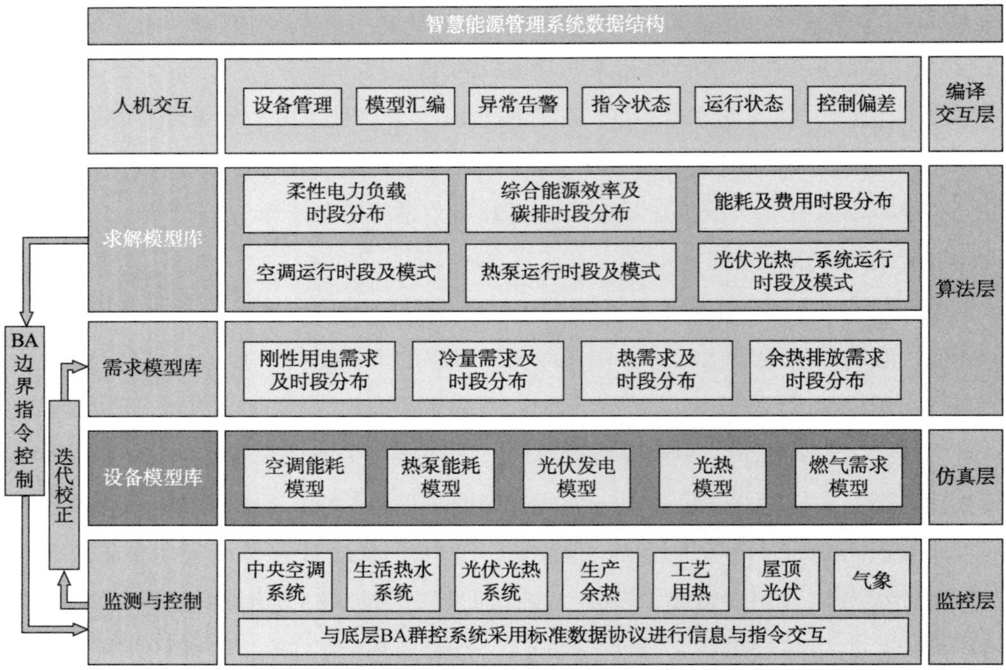

图 7 智慧能源管理系统数据结构

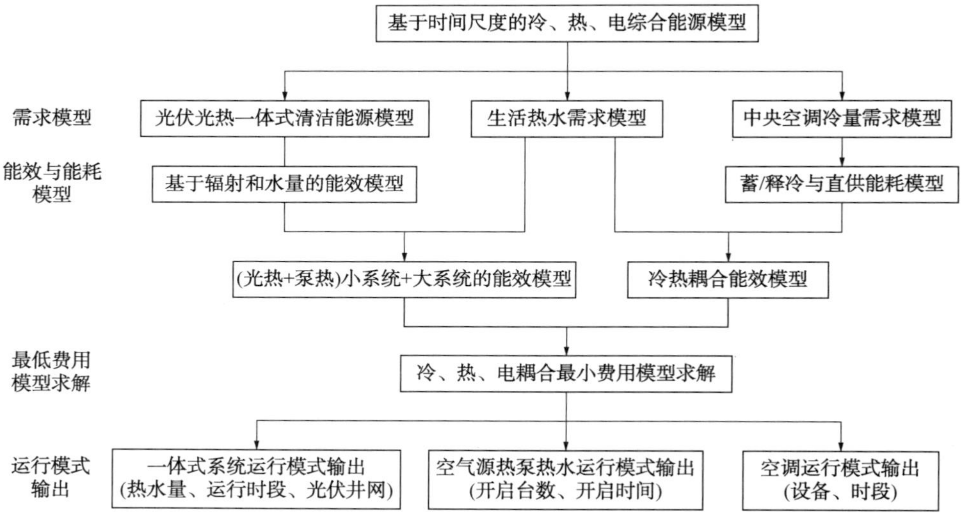

图 8 综合能源模型

4）智慧能源管理系统平台功能。

智慧能源管理系统基于负荷预测、数字孪生、AI 调控等技术手段，提前预知用户各类能源需求，通过设备群组寻优、参数优化等手段实现各级能源的高效协同运行。同时便捷化的管理为用户提供无人值守和自动运维功能。

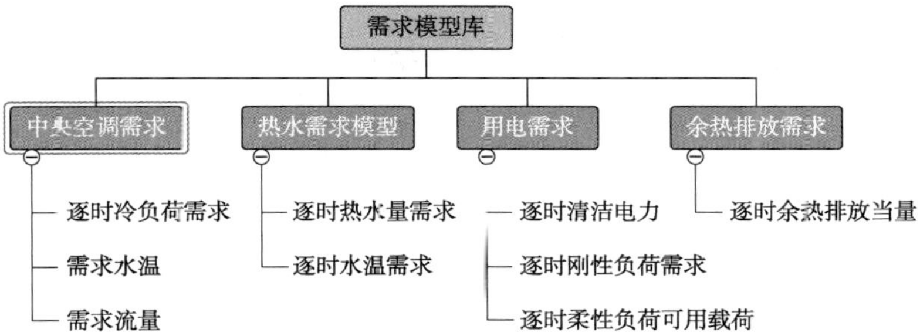

图 9　需求数值模型

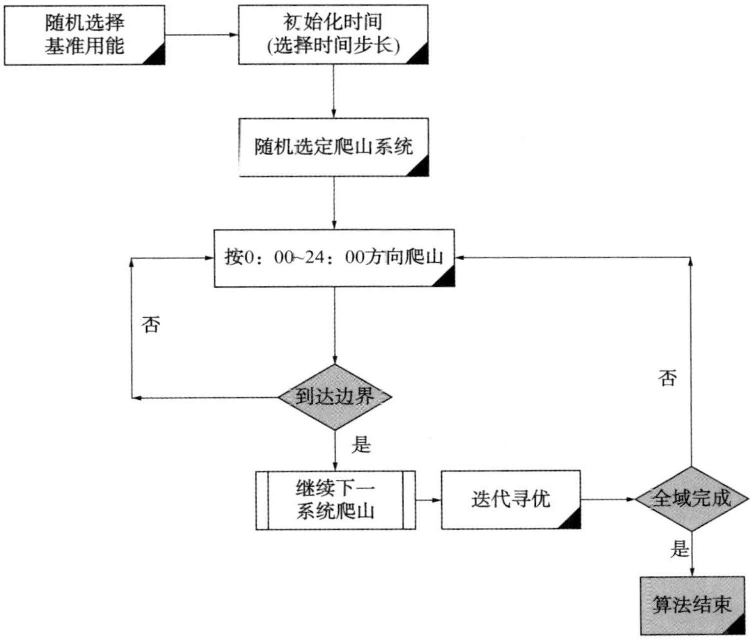

图 10　求解模型及实现步骤

如图 11 所示，在综合能源系统的基础上搭载智慧能源管理系统，通过智能监测设备对各种用能实时监测、数据采集；通过智能 AI 算法对水能、电能、冷热能建立合理化的用能模型，并对能源消耗情况按年、季、月进行统计，根据能源使用情况进行相应的专题分析找出能耗问题，辨析设备、管路、管理的能源浪费问题，查清节能潜力。

5）智慧能源管理系统软件界面。

智慧能源系统能够实现集中管控多种能源，能够根据实施环境工况负荷和内部需求对各种用能进行调节，在保障园区用能的同时，合理计划和利用能源，降低单位园区的能源消耗，从而提高经济效益。将科学预测能源趋势和能源计划结合，做到能源的高效利用，削峰填谷，节约用能成本。智慧能源管理系统软件界面如图 12~图 14 所示。

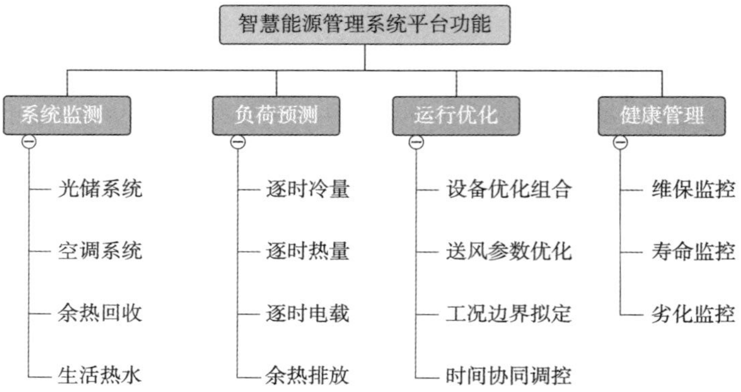

图 11　智慧能源管理系统平台功能

图 12　申菱智慧园区综合监管平台界面

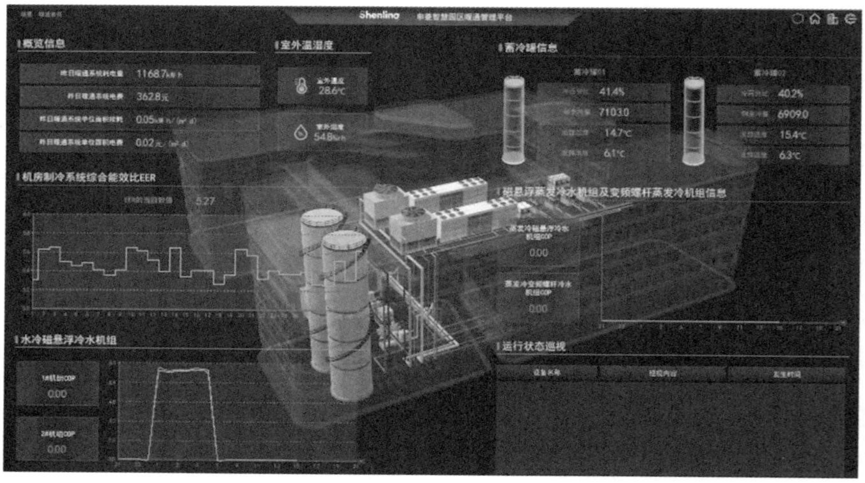

图 13　申菱智慧园区暖通管理平台界面

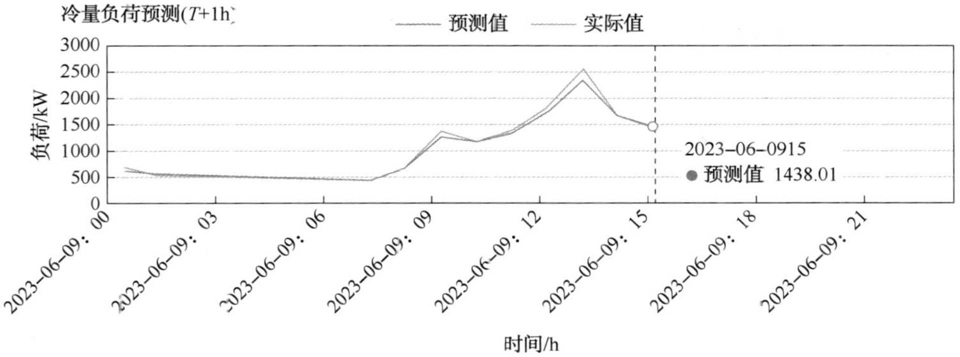

图 14　冷量负荷预测界面

2.3　装机方案

各类型供能设备的装机参数见表 1。

表 1　供能设备装机参数表

序号	名称	主要设备参数
1	光伏装机容量	6.43MW，日平均辐照 3.87kW·h/(m^2·d)
2	光伏光热装机容量	0.1MW
3	储能装机容量	0.8MW/1.7MW·h
4	水蓄冷装机容量	全天 33079kW·h，蓄冷率为 75%
5	水蓄热装机容量	90t
6	冷源系统	水冷磁悬浮冷水机组：$Q_{冷}$=1512kW，2 台； 蒸发冷磁悬浮冷水机组：$Q_{冷}$=800kW，1 台； 蒸发冷螺杆冷水机组：$Q_{冷}$=800kW，1 台； 冷却塔：L=502m^3/h，L=357m^2/h，2 台； 冷冻水系统供回水温度 4℃/17℃； 冷却水系统供回水温度 30.5℃/35.5℃
7	供暖系统	风冷热泵机组：$Q_{热}$=138kW，4 台
8	热水系统	热泵热水机：$Q_{热}$=35kW，20 台 高温级热式冷水热泵机组，$Q_{热}$=710kW，$Q_{冷}$=545kW，1 台

3 用户服务模式

3.1 用户需求分析

项目设计日夏季空调冷负荷为4236.21kW（1204.5t冷），冬季供暖热负荷560kW（160t冷），总热水需求量90t。本项目建设采用光伏发电并网系统、光储热供热系统、超高效水蓄冷空调系统、热泵清洁供热系统、光储充车棚智慧能源管理系统等节能技术进行建设，制冷机房系统全年平均能效比达到5.5以上（水蓄冷工况），达到超高效制冷机房能效要求。同时优化末端系统设计，以实现大温差水蓄冷空调系统能效比≥4.2。

根据佛山地区气候特点，本项目6.43MW太阳能光伏发电系统，年均发电量约610万kW·h，运营期25年，运营期总发电量预计达15250万kW·h。

3.2 政策依据

根据《国家发展改革委关于进一步完善分时电价机制的通知》（发改价格〔2021〕1093号）的规定，为充分发挥电价信号在引导电力资源优化配置方面的作用，广东省发展改革委制定出台《关于进一步完善我省峰谷分时电价政策有关问题的通知》，将一天划分为高峰、平段、低谷各时段，部分时期还划分出尖峰时段，对各时段分别制定不同的电价水平，引导电力用户削峰填谷。

3.3 服务模式

本项目由广东申菱环境系统股份有限公司（简称申菱环境）全额投资建设，同时负责项目的运营管理。

申菱环境作为人工环境系统的专业服务商，关注能源的利用，以解决客户痛点为核心，整合方案规划、规划设计、设备定制、集成安装、智能总控、运维管理的能力，为客户提供端对端，全生命周期的垂直一体数字化解决方案。申菱环境提供全方位的资质和供应能力，为各行各业提供优质的交钥匙工程服务。

4 效益分析

4.1 经济效益

水蓄冷空调系统投资为1559万元，回收期为3年左右；光伏并网系统投资为1618

万元，回收期为 5 年左右；热利用系统投资为 1214 万元，回收期为 3.5 年左右；整个综合能源系统的回收期控制在 5 年以内。随着广东峰谷电价差距继续增大，多元化储能（电化学储能、蓄冷储热）系统的投资回收期将进一步降低。

整个工业园区在用能侧，通过采用低碳建筑技术（围护保温、自然通风、自然采光）和高效节能产品（高效主机、高效末端、智能照明和智慧电梯等）进一步提高了用能侧的能源使用效率，降低整个园区的碳排放。

该综合能源系统具备复制性，由于回收期较短，能够快速推广到国内的工业园区，降低工业园区的碳排放，助力园区绿色低碳转型。

4.2 环境效益

水蓄冷技术能够利用夜间电力供应储存低温能量，白天通过这些储存的低温能量制冷，从而减少了白天高峰期的用电量，降低了燃煤发电厂的负荷，进而减少温室气体的排放，减缓了全球变暖的速度，同时降低燃煤发电厂的碳以及废气排放，从而间接提高空气质量，提高电力系统的能源利用率。园区的超大温差水蓄冷技术搭载高效制冷站相比常规空调系统节能 27%，年减少碳排放 216t。

光伏绿色发电技术可以减少能源的碳排放。采用光伏并网发电技术，合理利用园区屋顶面积，可以提高工业园区绿电应用比例，降低园区峰段时期用电负荷，减少对电网的冲击。工业园区是用能大户，提高园区的绿色用电，能够快速实现园区的绿色低碳转型，达到双碳目标。目前，整个光伏发电项目年节电量为 610×10^4 kW·h，节能 829tEC，减排二氧化碳 2274t（见表 2）。

清洁供热技术，主要通光热系统和热泵，从自然环境中获得热量，实现园区的清洁供热，减少冬季燃气、燃煤供暖造成的空气污染，每年减少碳排放 880t。

表 2 环境效益统计表

项目	水蓄冷供冷系统	清洁供热系统	光伏发电系统	总计
节电量/万 kW·h	40.99	171.6	610.00	674.29
节能率/%	27%	64%	—	48%
节标煤量/tEC	78.74	320.81	829	1296
节碳量（二氧化碳总量）/t	216	880	2274	3555

4.3 社会效益

本项目按照“零能耗建筑”的要求进行用能规划设计，集成了申菱环境在低碳技术、建筑环控以及数字智能等方面的最新技术，采用垂直一体化解决方案模式建造。基地在建筑、环境、智能制造及管理运维等方面实现以系统设计目标为导向，以全生命周期最优为基准，一体化设计实施、低碳节能、高效管控的总体目标，可为客户提供初投资更低、节能效果更高、功能更强、性能更优的全流程服务。

当前广东省范围内超过 2 万 m^2 建筑面积的近零能耗建筑较少，本项目通过多技术创新和融合，为建筑节能做出了较大的贡献，不仅能产生较好的节能、减碳、经济效益，还具有较好的社会示范效果及推广价值。

5 创新点

1）具备 4/17℃超大温差水蓄冷系统，可以提高蓄冷量，降低占地面积，进一步提高供冷输送效率，降低能耗；

2）园区采用多种类型光热组件配合不同的热泵系统，能够为园区提供超宽温域的生产热水，满足园区多种不同品位的用热需求；

3）清洁能源+多元化储能系统，优化能源系统结构，实现多能互补，在保障园区用能的同时，降低能源费用；

4）智慧园区能源管理平台以园区能源数据为核心生产要素，融合物联网、大数据、人工智能、区块链等新一代数字技术，构建全面的园区双碳数字支撑体系，实现能流、碳流、信息流和价值流的柔性融合。

产业园区类

零碳乌海城市建设综合智慧能源项目 05 案例

1 项目概况

1.1 项目背景

润泰新能源以国家"十四五"规划为重要指引，以推动绿色可再生能源技术的完善和普及为方向，以成为全球领先的自然能源运营商为目标，从改变一户家庭、一个社区、一座城市的供能方式开始，为中国实现碳达峰碳中和贡献力量，推动中国向绿色生态未来的全面转变，汇聚世界力量，共建人类生态家园。

润泰 GEIS 科技可为打造零碳城市、零碳乡村、零碳企业提供 100%的可再生能源，这一技术无疑为正在推动低碳发展的中国提供了全球最佳行动参考。乌海市作为资源枯竭型城市和第三批全国低碳试点城市，环保型零碳新能源技术成为了城市经济高质量发展的重要抓手。

本项目是利用太空能(太阳能)等清洁可再生的自然能源，为建筑提供供暖、制冷、热水、电力等综合能源供应，实现"近零污染、零排放"、零运行费用，使煤炭资源枯竭型城市走上"绿色高质量发展之路"，向全国乃至世界输出"乌海新能源革命模式"。

本项目建设规模和内容包括三部分：

1）正在建设的乌海市百万平米零碳示范项目：选定乌海市三类项目(城市供暖管网之外建筑、改造升级建筑以及新建建筑)作为实施对象，以项目单位自主研发的国际领先的自然能源技术进行"零污染、零排放"的能源供应。

2）正在规划、建设的乌海市零碳滨河二期建设项目：以乌海市已经建设的滨河新区二期为实施对象，对滨河二期供应能源的同时，打造全国首个零碳城区。

3）正在拟建的零碳智能智造基地项目：建设自然能源智慧系统的核心生产制造组

装基地，为乌海市千万平方米级零碳城区提供设备和能源系统，并服务周边500公里区域城市建筑的零碳能源供应。

项目总投资为132亿元，资金来源为企业自筹、银行贷款和政府公共建筑能源系统部分的预算。

1.2 项目进展情况

建设工期：2021年5月—2025年。

乌海市百万平方米零碳示范项目已经在市发展和改革委立项，乌海市首批新建公共建筑项目：零碳乌海市福利院项目、零碳乌海市委党校项目、零碳乌海市法院项目等5月已经进入建设阶段，其他列支项目实施方案已编制完成，建设准备工作正在推进。同步，零碳滨河二期项目已在进行规划和实操中。

2 能源供应方案

2.1 负荷特点

节能减排核算依据表见表1。

表1 节能减排核算依据表

正常建筑负荷	北方严寒区域建筑热指标为75~90W/m²，建筑冷指标为90~110W/m²
供暖时间	每天供暖按照20h计算，整个供暖季为180d
制冷时间	每天制冷按照8h计算，整个制冷季为90d
热水使用量	目前北方建筑核算后平均每年每平方米用电量约为20kW
能量换算	1kW=0.0004tEC
供暖总负荷	270000000kW
制冷总负荷	64800000kW
热水总负荷	20000000kW
节能减排	标准煤141920t
	二氧化碳383184t
	二氧化硫3406t
	氮氧化物1050.2t
	相当于植树量1969.9万(棵)

2.2 技术路线

具体技术路线如图1所示：春夏秋三季时，能量板吸收太阳能并转化成热能，通过跨季节储能系统将热能储存，待冬季时，提取储存好的热能，用于冬季供暖和全年热水。冬季时，能量板利用太空辐射收集冷量并储存，待夏季制冷时使用，与此同时，能量板每天生产电能，自发自用，余电上网，整个系统实现科学运行、智能调控。

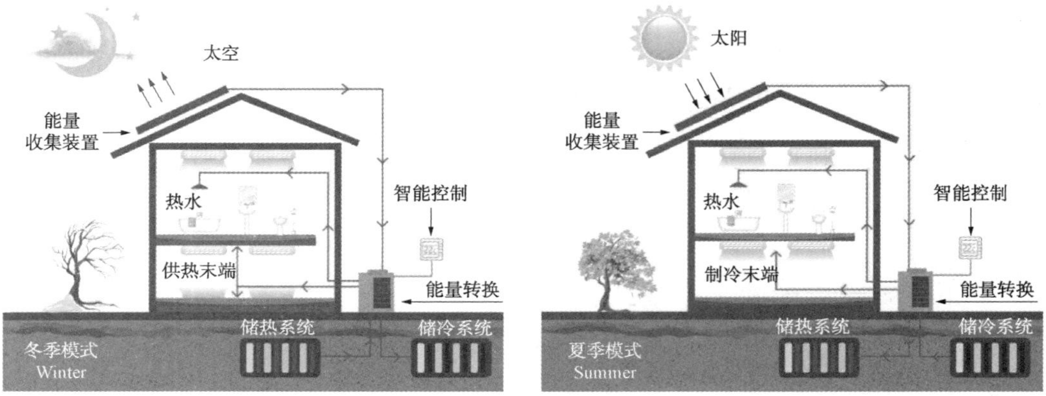

图1 冬夏模式示意图

3 用户服务模式

3.1 用户需求分析

建立低碳、安全、智能、可持续发展的能源系统是社会发展的趋势。清洁供暖是未来重要的发展方向。

能源类型：主要是通过超导能量板收集太阳能、太空能。

用户性质：实现城市、乡村能源全覆盖，包括工商业用户、居民等。

自然能源智慧系统(GEIS)如图2所示，除应用于单体建筑外，还可建成智慧能源站(自然动力智慧能源站NES)，不仅可以提供清洁电力，更加注重区域内的清洁供暖，可为独立社区、城市提供统一无污染的供暖、制冷、热水和电力供应，解决城市供能问题的同时，还可搭建能源大数据平台，构建开放、共享、智慧、安全的能源互联网，成为未来智慧城市建设的基础保障，是能源生产和使用方式的颠覆性革命。

自然动力智慧能源站，以“集中式+分布式能源供给”的模式设计，由一个核心能源站+多个分布式能源站组成。核心能源站包括能量集中收集系统、能量集中储存系统、智能数据平台、指挥中心等部分。

润泰新能源会持续建设引领未来的能源系统，无论是城市扩展，还是能源技术的即插即用，都为未来城市建设预留了可拓展的空间。把大到一座电厂、一栋建筑，小到一段管网、一台家电都接入智慧系统，带动整个城市能源的发展转型。

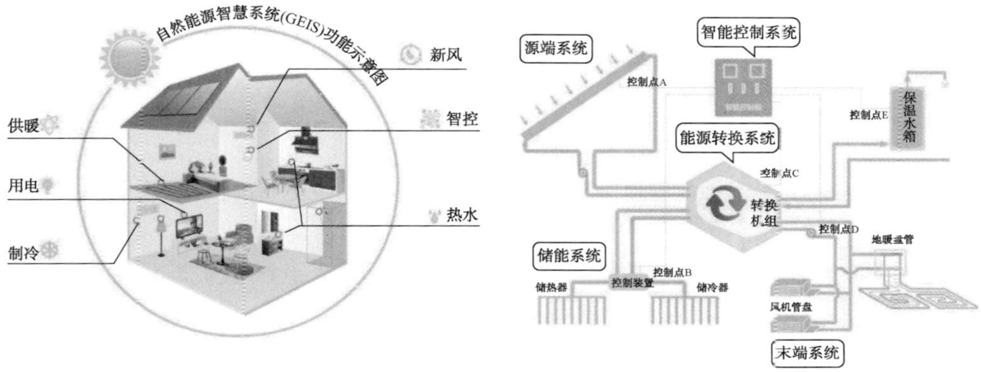

图 2　自然能源智慧系统(GEIS)组成图

3.2　服务模式

项目整体采用 BOO(建设-拥有-经营)建设运营服务模式。

4　效益分析

4.1　经济效益

节省能源系统和环境污染治理投入(见表 2)：建筑寿命按 50 年计算，100 万 m^2 建筑使用润泰 GEIS 科技比使用传统能源供给系统可以减少政府能源固定投入 19.5 亿元，按生态环境部公布报告计算，每年可为政府节省环境污染治理投入近 2800 万元。

表 2　与传统能源费用对比表

系统	项目	初始投资/亿元	50 年设备费用/亿元	年运行费用/亿元	年折旧费用/亿元	50 年总运行及设备投资费用/亿元	50 年维护费用/亿元
传统供能系统	市政供暖	2	2	0.3	0.3	17	5
	中央空调	3.5	10.5	0.3		25.5	
	太阳能热水器	1	3	0.1		8	

续表

系统	项目	初始投资/亿元	50年设备费用/亿元	年运行费用/亿元	年折旧费用/亿元	50年总运行及设备投资费用/亿元	50年维护费用/亿元
三套系统合计		6.5	15.5	1		55.5	
自然能源智慧系统	一套系统	6	0	0.6		36	
总结		自然能源智慧系统初始投资6亿元，每年可节省运行费用0.4亿元，按照系统设备使用寿命50年测算，整体费用比原有的三套系统节省19.5亿元。					

4.2 环境效益

本项目践行“着力抓好黄河流域，乌海及周边地区等重点区域生态环境综合治理”，助力乌海走上“生态优先，绿色发展”的高质量发展之路。据测算，$5km^2$“零碳滨水新城”每年可节约标准煤68.19万t，减少二氧化碳排放量177.29万t、二氧化硫排放量1.64万t，减少氮氧化物排放量5kt，相当于每年植树9850万棵。

4.3 社会效益

1）提高百姓生活质量，为百姓创造健康宜居的美好环境。

2）助力国家减排，体现城市担当，兑现减排承诺。

3）树立全球典范，提供全国乃至全球可复制节能减排模式。

4）打造零碳生态科技城市名片。

5）贯彻可再生能源发展理念，成为现代能源经济示范城市。

6）升级产业结构，带动经济增长。

7）打破传统能源结构，推动城市转型。

8）打造可再生产业族群，形成强劲有力的新型支柱产业。搭建能源互联网平台，构建人类绿色能源未来发展的雏形样板。

5 创新点

在新材料领域，全球首创革命性新材料“超导能量板（RSEP）”，可高效收集利用可再生能源，攻克了用一种产品同时收集太空能（太阳能）可再生能源的世界技术难题，单位面积集能效率是传统产品的 10 倍。为了得到持续稳定的自然能源，我们自主研发出跨季节储能系统，将热能和冷能分别储存到地下土壤当中，待需要时提取使用。以超导能量板和跨季节储能材料为核心，结合智能控制、能量转换和末端系统，成功研发的自然能源智慧系统(GEIS)，通过利用可再生自然能源，为建筑提供绿色无污染的供暖、制冷、热水、电力的综合能源。整个系统的能源自给率为 100%。

宁东可再生能源制氢示范项目 06 案例

1 项目概况

1.1 项目背景

宁东能源化工基地(简称宁东基地)是国家重点开发区，是国家重要的大型煤炭生产基地、“西电东送”火电基地、煤化工产业基地和循环经济示范区，也是国家能源“金三角”的重要一极和宁夏回族自治区“一号工程”。

本项目工程新建一座规划制氢容量为 4×500Nm^3/h 的制氢站，本期制氢容量为 2×500Nm^3/h，并建设配套光伏发电场，本工程二期制氢容量为 2×500Nm^3/h。除本项目外，厂址所在区域还将预留一座加氢站、制氢站(远期)以及科研项目用地场地。本项目拟建地点位于宁夏回族自治区宁东基地核心区，规划厂址位于宁东基地临河项目区青铜峡铝业股份有限公司宁东铝业分公司所属地块。

1.2 项目技术指标

项目名称：国家电投宁东可再生能源制氢示范项目(1000Nm^3/h)。

项目类型：光伏发电站+制氢站。

项目规模：制氢规模 1000Nm^3/h，另预留 1000Nm^3/h 制氢占地(仅预留扩建场地)；光伏发电规模达 10MW 级，装机容量 12MWp。

项目运行模式：白天通过使用光伏发电，夜间消纳宁东铝业的谷电制氢，制得的氢气用于精细化工企业，未来还可以用于氢燃料电池车；光伏发电量优先用于本项目制氢，余电由宁东铝业一期项目有偿消纳；在谷电及光伏发电量不能满足制氢站制氢需求时，宁东铝业一期将为本项目制氢站补充供电(如图 1 所示)。

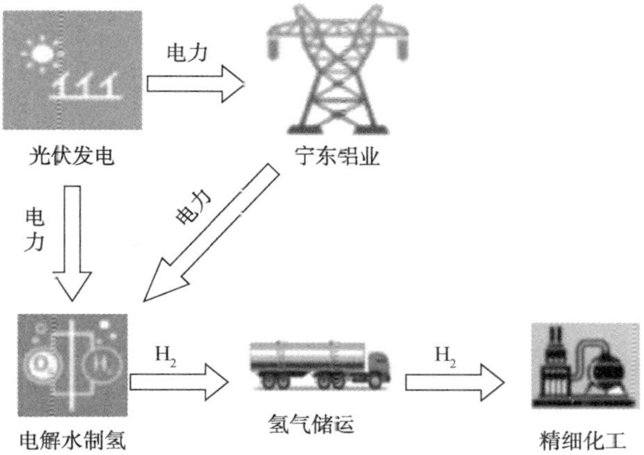

图 1　清洁能源制氢+电力耦合+化工“绿氢”新商业模式示意图

制氢设备年制氢小时数为 6000h，年制氢量为 536t；光伏发电年均利用小时数为 1618.57h，年均发电量 1943.84 万 kW·h。

1.3　项目经济性指标

本工程静态投资基准日期为 2020 年 7 月。基于制氢规模 1000Nm^3/h，制氢小时数为 6000h 的制氢站及装机容量为 12MWp 的光伏发电站工程投资。

2　能源供应方案

2.1　负荷特点

本项目采用“可再生能源制氢+工业供用电耦合+绿氢供应”新模式。这样一方面提高了光伏发电、制氢以及宁东铝业发电及供电系统的利用率，提高了本项目的经济性和供氢的稳定性以及宁东铝业的经营效益；另一方面，宁东铝业通过使用部分光伏发电量代替了部分燃煤发电量，在一定程度上降低了宁东铝业的碳排放强度。

2.2　技术路线

2.2.1　制氢工艺技术选择

国内外常见的水电解制氢技术主要有两种：一是碱性水电解制氢技术，二是通过质子交换膜（PEM）电解纯水制氢技术。这两种制氢工艺产生的氢气纯度均可满足富氢竖炉对富氢气源的品质要求。本项目按碱性水电解制氢工艺进行设计。

2.2.2 光伏系统主设备选型

（1）光伏组件选型

商用的光伏组件主要有以下几种类型：单晶硅光伏组件、多晶硅光伏组件、非晶硅光伏组件、碲化镉光伏组件、铜铟镓硒光伏组件等。

本项目推荐采用单晶硅光伏组件。

（2）光伏组件安装方式选择

大型并网光伏方阵的支架安装形式主要有固定式和跟踪式两种。

本工程的光伏组件安装方式推荐采用水平单轴跟踪。

2.3 装机方案

2.3.1 制氢系统装机方案

（1）碱性电解水制氢系统

设计采用2套500Nm^3/h的碱性水电解制氢系统，2套设备同时运行，白天主要采用分布式光伏发电制氢，夜间采用宁东铝业谷电制氢。碱性电解水制氢系统包含整流变压系统、控制系统、碱性电解槽系统、干燥纯化系统、冷却水系统等整套氢气制备系统，产品氢气纯度大于99.999%。

（2）除盐水制备系统

随着电解制氢系统的运行，系统内除盐水被不断消耗，因此，需设计制水系统制取除盐水并补充至电解制氢系统。制氢系统除盐水消耗量约为1t/h。设计选用2套1t/h的制水设备。除盐水指标为电导率<1μs/cm。

（3）仪用压缩空气系统

系统自动阀门采用气动阀门，所需仪用压缩空气由仪用压缩空气系统制取。仪用压缩空气系统设置2套出力1Nm^3/min，出口压力为1MPa的空压机系统等。

（4）氮气置换系统

制氢系统、氢气压缩及储氢系统在正常运行时不消耗氮气，仅在系统初次启动、放空维护维修时，需要将制氢及压缩系统内的空气或氢气置换为氮气，从而避免氢气与空气混合产生爆炸危险。置换所需氮气由氮气瓶提供，通过氮气置换管线分配至制氢及氢气压缩系统。

（5）氢气压缩系统

氢气压缩系统用于从制氢系统向外运氢气长管拖车充装氢气。氢气压缩系统设氢气压缩机2套，2套同时运行，每套出力500Nm^3/h，排气压力为20MPa，进口设有氢气缓冲罐。氢气压缩机选用无油污染风险的隔膜式氢气压缩机。

（6）氢气储存及外供氢气

制氢及压缩系统产生的氢气由氢气长管拖车外送。本项目一期及二期共设有 8 个长管拖车停车位，一期与二期各 4 个，可满足本项目制氢系统制氢、储氢、运氢的需求。氢气长管拖车由气体运输公司提供。

2.3.2 制氢系统装机方案

本工程共安装 26688 块 450Wp 的单晶光伏组件，总装机容量 12.0096MWp。光伏电站在运营期 25 年内的总发电量为 48596.03 万 kW·h，光伏电站的首年发电量约为 2084.21 万 kW·h，年均发电量为 1943.84 万 kW·h，年等效发电小时数为 1618.57h（见图 2）。

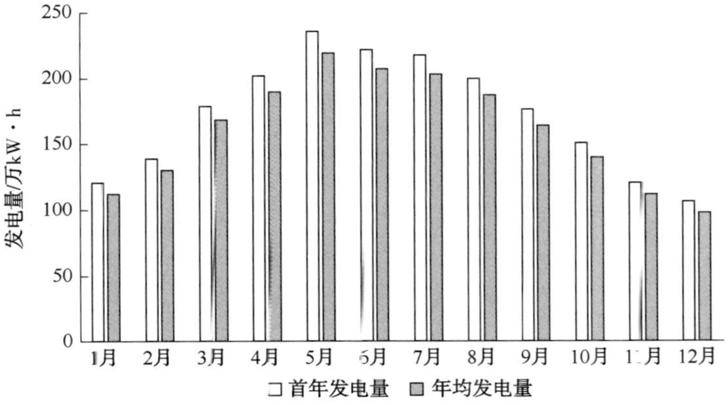

图 2 运营期各月发电量直方图

3 用户服务模式

3.1 用户需求分析

宁东基地目前能耗压力、环境容量压力较大，年二氧化碳排放量为 1 亿 t，发展新能源助推宁东高质量发展需求迫切；本地区位于太阳能辐射高能区，光伏发电利用小时数大于 1500h/a，土地成本优势突出；本地区现有各类运输车辆约 6600 辆，如全部采用氢能燃料电池汽车，需“绿氢”约 7 万 t/a；本地区煤化工与氢能耦合条件较好，短期内基地精细化工企业需“绿氢”740t/a，3 年内“绿氢”需求量达 1.78 万 t/a，未来如考虑利用二氧化碳加氢进行减碳固碳，则所需绿色氢气量十分巨大，预计每年将达到千万吨规模。

3.2 服务模式

本项目由国家电投集团宁夏能源铝业银川新能源有限公司投资运营，由国核电力规划设计研究院有限公司（国家电投综合智慧能源科技有限公司）EPC（建设采购-施工）建设。

本地区精细化工企业对高纯氢气价格有较高的承受能力，可以接受40元/kg以上的氢气供应价格，本项目锁定的3家精细化工企业供氢价格为4元/Nm^3，即44.8元/kg。在综合考虑目前及项目整个经济计算期内，本项目都应该具有一定的市场竞争力，氢气出厂价格为36元/kg（含税）。

4 效益分析

4.1 经济效益

本项目年制氢量为536t；光伏发电年均发电量1943.84万kW·h。

本项目制氢直流电耗≤4.4kW·h/Nm^3，制氢站综合电耗（含制氢、氢气压缩、辅助系统用电等）约5.3kW·h/Nm3，达到了电解水制氢一流的电耗水平。

4.2 环境效益

本工程利用太阳能光伏发电，与同样发电量的火电相比，可节约大量的煤炭或油气资源，避免了多种大气污染物、温室效应气体以及灰渣的排放。本工程装机总容量约为12MWp，估算年均发电量1943.84万千瓦时。与目前的燃煤火电厂相比，根据最新的《火电厂大气污染物排放标准》，本项目每年可减少CO_2排放约1.7万t，减少NO_x排放约12t，减少SO_2排放约6t，减少烟尘排放约2t，节能降耗及环境效益十分显著。

华电厦门集美工业园区综合智慧能源项目 07 案例

1 项目概况

1.1 项目背景

华电厦门集美后溪工业园区综合智慧能源服务项目，在已建成的能源站“三联供”的基础上，利用园区高质量服务形成的用户基础，发挥能源站专业的能源项目开发能力和运行检修技术力量等优势，开展园区内外屋顶光伏、储能和光储充换一体化项目建设，协同推进用户能源托管、检修维护等综合能源服务业务，拓宽服务范畴和服务功能，将单一的天然气分布式能源站升级转型为综合智慧能源服务项目，打造园区级源网荷储一体化综合能源服务典范。

1.2 项目进展情况

华电厦门集美分布式能源站是福建省首个区域型天然气分布式能源示范项目，是厦门市唯一的清洁能源供热企业，也是工业园区的供能中心。截至目前，建成和在建的分布式光伏项目装机规模为60MW。新建240kW分布式光伏系统、1MW·h储能系统（配备1套500kW双向储能变流器）、90套120kW一体式双枪直流充电桩和换电站设施。“十四五”期间，规划电储能150MW·h，建成一个可提供300个充电桩车位和50套替换电池的绿色交通综合服务站，集光伏、储能、充电桩和充换电综合服务站于一体。

2 能源供应方案

2.1 负荷特点

(1) 电负荷

集美电网无法满足本地电源负荷增长需求，需增加可再生能源项目建设和绿电消纳，通过新能源电力市场交易，为园区制造业提供符合国际标准的绿电能源。

（2）热负荷

华电厦门集美分布式能源站是集美工业园区唯一的公共热源点。园区整体蒸汽热负荷呈现增长趋势，园区能源站供热负荷需求将逐渐增大。

（3）冷负荷

集美工业园区主要冷负荷需求点为正新轮胎和周边工业用户。正新轮胎目前制冷负荷需求量为9.5MW，主要为生产工艺用冷。冷负荷主要集中在每年4—11月，其余时段（11月至次年4月）仅白天供冷。随着后续企业不断入住，园区能源站供冷负荷需求将逐渐增大。

2.2 装机方案

（1）原有装机

华电厦门集美分布式能源站“三联供”机组：2017年12月29日，能源站项目一期工程正式投产，采用美国GE公司燃气-蒸汽联合循环热、电、冷“三联供”背压机组，总容量为31.762MW（LM2500型+G4型1×30.062MW+1×1.7MW），年设计电量为2.2亿kW·h，供热量35.7万t，目前为工业园区9家企业供热，2021年供热量21.7万t、发电量为7800万kW·h。

（2）新增屋顶光伏

利用园区现有屋顶资源，规划建设60MWp屋顶分布式光伏电站。其中，屋顶光伏一期项目，可利用屋面面积约37.5万m^2，装机容量为29.455MWp，于2022年1月正式开工建设，于2022年7月建成投产；二期继续推进工业园内企业屋顶资源的合作开发，规划建设30MWp光伏电站，于2022年下半年陆续开工建设。

（3）新增用户侧储能

2021年4月，公司完成厦门姚明织带有限公司储能项目方案，在工业园区配置1套2MW/3MW·h锂电池储能系统。规划在园区建设容量共计约150MW·h的电储能设备，利用园区电价的峰谷价差，节约综合用电成本。

（4）新增光储充一体化充换电站

“十四五”期间，建设一个有300个充电桩车位和50套替换电池的充换电及综合服务站，还规划建设光储充一体化系统，光伏电站装机容量约500kW，蓄电池容量500kW·h，优先采用光伏所发电进行充电。

3 用户服务模式

3.1 用户需求分析

根据2019—2021年后溪工业组团电力消费数据及园区周边企业(或用户)用电负荷需求情况，园区内电源电力供应仍处于供不应求状态，售电服务，尤其是新能源电力的消纳和碳交易服务还存在较大的市场需求。园区内企业具有设备检修和运行维护的市场需求。为适应园区技能人员发展需求，为企业定向开展节能专业技术培训和分布式能源项目开发、建设、管理等专业系统培训；高能耗用能企业提出节能改造方案及改造后的分析预测，以合同能源管理模式实现节能降耗，促进企业低碳和高质量发展；为拓宽园区内企业产品销售渠道，搭建企业产品辅助销售平台，为用能企业展示宣传其产品，拓展用能企业产品的销路，为园区及周边企业之间的产品往来及交流合作提供平台。

3.2 服务模式

华电厦门集美工业园区综合智慧能源项目总投资的30%资本金由华电集团或下属企业出资，70%资本金由银行贷款。本项目由华电(厦门)综合智慧能源有限公司建设和运营，纳入华电集团公司管理体系。

(1) 售电服务

吸纳周边区域各个电源点，如火电站、水电站、光伏发电站等所发的电力，同时利用电网电作为补充，统筹整合园区各电用户，并作为用户的代理人与发电企业及电网洽谈，尽可能获取更低的电价，为园区用户提供更实惠、更安全、更有保障的电力，并为用户提供个性化的高品质服务，使得用户有更好的服务体验。

(2) 设备检修

利用厦门集美天然气分布式能源站现有的资源，成立设备检修服务机构，组建一支专业的能源相关设备的检修团队，满足园区企业常规的检修需求。

(3) 运行维护

成立运行维护机构，为厦门市及周边区域的火电站、水电站、光伏发电站、生物质发电站、风力发电站、储能电站以及其他电力相关企业提供运行维护。

(4) 技术培训

为适应园区技能人员发展需求，为企业定向开展节能专业技术培训和分布式能源项目开发、建设、管理等专业系统培训。

（5）合同能源管理

与用能单位以契约形式约定节能项目的节能目标，对用能单位的耗能设备及输送环节进行能耗诊断和评价，提出节能改造方案及改造后的分析预测，以合同能源管理模式实现节能降耗，促进企业低碳和高质量发展。

（6）企业产品辅助销售

搭建企业产品辅助销售平台，为用能企业展示宣传其产品，拓展用能企业产品的销路，为园区及周边企业之间的产品往来及交流合作提供平台。

4 效益分析

4.1 经济效益

（1）存量项目

通过综合智慧能源项目的实施，华电厦门集美天然气分布式能源站充分发挥专业技术力量优势，挖掘闲置设备潜能，实现了提质增效并促进了企业经营转型升级，企业的竞争能力和盈利能力持续改善。

（2）增量项目

1）屋顶分布式光伏项目：光伏电站设计寿命25年，年平均发电量为31142.92MW·h。二期规划建设30MWp光伏电站，于2022年下半年陆续开工建设。

2）用户侧储能和光储充一体化绿色交通项目：规划在园区建设容量共计约150MW·h的电储能设备。建设光储充一体化系统。储能系统效率为90%，系统按照2.2%速率衰减，运行10年后更换电芯重新计算其衰减速率。

3）增量服务：积极拓展售电、设备检修、运行维护、技术培训、合同能源管理、企业产品辅助销售等六大业务。

4.2 环境效益

本项目一期工程总装机容量为29.455MWp，年满负荷利用时长为1057.30h，年平均发电量为31142.92MW·h。经核算，每年可替代标煤约9542.19t，减少烟尘排放量约1.183t，减排SO_2约5.824t、NO_x约6.073t、CO_2约26097.76t。光伏电站的建设还可带动第三产业发展，促进当地经济建设。本项目还能够从减污降碳协同作用方面实现间接环境效益，大幅减少产生的空气污染、水污染与固体废物污染，降低了污染治理的成本，形成更加良好的工业园区生态环境。

日照港源网荷储换电站综合智慧能源项目 08 案例

1 项目概况

日照港位于山东省日照市，双方在日照港以推广绿电交通和建设换电站为核心，同时建设新能源电站，打造源网荷储一体化零碳港口。规划建设 223MW 光伏、100MW 风电、60MW/120MW · h 储能以及 24~25 座重卡换电站，可供 980~1230 换电重卡运营使用。该项目规划分三期建设。

2 能源供应方案

2.1 负荷特点

（1）电力部分

动力公司管辖 4 座 110kV 用户变电站及下属配电设施，110kV 港口 1 站、港口 2 站、港口 3 站位于石臼港区，最大负荷分别为 13.4MW、40.5MW、24.4MW，年用电量分别为 0.39 亿 kW · h、0.63 亿 kW · h、0.90 亿 kW · h。110kV 港口 4 站位于岚山港区，最大负荷为 34.3MW、年用电量为 1.50 亿 kW · h。

（2）燃油部分

日照港运输车辆和工程机械全部使用燃油车，导致柴油消耗巨大。

（3）热力部分

动力公司管辖岚山港区中区锅炉房，现有燃气锅炉 2 台，出力分别为 15t/h、20t/h，热力管道共有 *DN*300 管道 1 条、*DN*250 管道 2 条，为日照港油品码头有限公司（简称油品公司）供应工业蒸汽。燃气管道为管径 250PE 管道，由管径 *DN*315 中压管道分支进入港区，通至锅炉房。燃气锅炉为近两年煤改气时更换，使用频率较低，油品公司每年仅有两个月有蒸汽使用需求。

2.2 技术路线

根据港口所在地自然资源禀赋，建设新能源电站为港口用电和充/换电站提供优惠电价，充/换电站保障换电重卡和工程机械的用电，同时通过换电服务为港口创收，车辆和工程机械的换电替代可以实现清洁运输并为港口节约运费。通过建设独立储能电站，打通车储共用电池银行生态；同时为绿电管理提供数字化智慧管理系统，对港口实现全面建模和多维度分析，提供从能源供应侧到需求侧全生命周期的能源调控、能效管理和数据服务，从而打造“风光储充换车”一体化综合智慧能源项目，真正实现“绿电交通用绿电，换电重卡零排放”。

（1）光伏

光伏项目拟采用540Wp单晶PERC双面光伏组件、最佳倾角方案，年均可利用时长为1300h，考虑到光伏组件的衰减问题，20年年均可利用时长为1165h，所发电量用于日照港常规用电和换电站运营。

（2）风电

风电项目拟采用5MW风电机组，年均可利用时长为2800h，所发电量用于日照港常规用电和换电站运营。

（3）储能

储能项目拟采用0.5C的磷酸铁锂电池，使用模块化设计，建设独立储能电站。电站提供储能容量租赁，并参与现货市场交易，配合新型电力现货市场交易软件，实现价差套利。

（4）车辆电动化

车辆电动化项目包括置换换电型纯电动重卡和充电型电动工程机械，以及配套建设充换电设施，配套提供智能化运维管控，包括智能换电系统、动力电池维护系统、云平台监控系统。

2.3 建设(装机)方案

综合考虑日照港用能情况和资源禀赋，规划在2030年前将日照港打造为零碳港口，采用总体规划、分步实施的方式，分为近、中、远三期，近期在2021年实施，中期拟在2022—2023年实施，远期拟在2024—2026年实施。

（1）近期规划

近期拟在港内建设 5MW 的屋顶分布式光伏，建设 1 座换电站，配套 30 台换电重卡。日照港 1 号重卡充换电站是国家电投联合日照港共同推进的 10 充电工位的智能充换电站，最大服务能力可满足 216 次/24h。日照港本期规划面积为 1500~1800m²，规划位置于 9-3 堆场东南侧。

区域规划如图 1 所示。

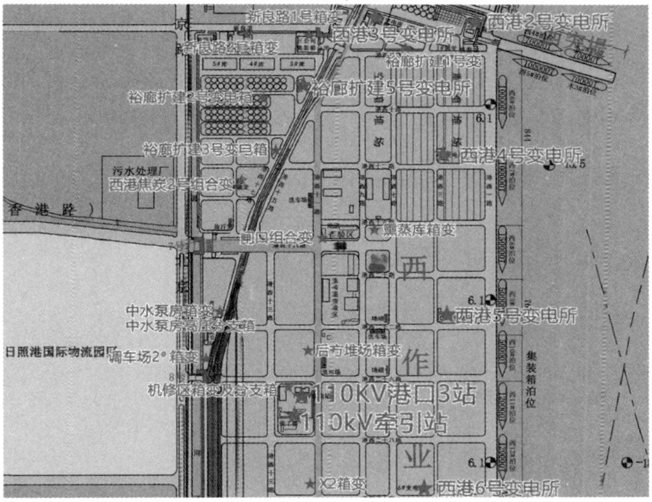

图 1　近期区域规划图

（2）中期规划

中期拟在港内建设 18MW 的屋顶分布式光伏，建设 3~4 座换电站，配套 150~200 台换电重卡。换电站建设位置仍为 9-3 号堆场，总规划面积约 5000m²。

（3）远期规划

远期拟利用港口周边工业园和企业屋顶建设约 200MW 的分布式光伏，利用日照港内岸线土地建设约 100MW 分散式风电，建设 60MW/120MW · h 共享独立储能电站。规划在港口内及其周边再新增建设 20 座换电站，配套 800~1000 台换电重卡需求。

3 用户服务模式

3.1　用户需求分析

（1）能源消费情况

日照港用能类型包括电、柴油、汽油、燃料油、天然气等。2020 年，日照港能耗总量为14万tEC，其中生产耗能总量10.7万tEC，占总耗能的76.3%。用能比例最大的是柴油和电力，化石能源占到66.6%，占比较高。经初步测算，2020年，日照港直接碳排放约20.5万t，间接碳排放约20.4万t，合计碳排放约40.9万t。间接碳排放测算边界条件：外购电力3.42亿kW·h，外购电力中可再生能源电力占比为28.8%，火电碳排放因子838g/kW·h。

（2）车辆及工程机械替换需求分析

1）存量替换。

据存量车辆情况进行分类汇总整理，潜在车辆电动化替换需求为818台，其中针对国Ⅴ以下标准的老旧车辆可优先进行替换，共涉及167台；潜在工程机械电动化替换需求为681台，其中针对现有产品能够直接匹配的机型可优先进行替换，共涉及各类工程机械62台。

2）新增上车需求。

根据日照港整体业务量增长趋势，按照每年6%左右的增长率估计，短倒车辆至少每年需新增30台以上，每年至少需要新增25台工程机械车辆。

3.2 服务模式

（1）换电结合创新商业模式

采用独特的车电分离模式如图2所示，日照港或物流运力商只需一次性支付或租赁不含电池的车体，电池可由国家电投启源芯动力持有（全周期保障）并租赁给客户使用，可大幅减少初期投入，有效解决电动重卡价格高昂的痛点。物理上实现了电池的全自动快速更换，保障电动重卡在高频短倒运输场景下的高效不间断运营，提高回报率和便利性。换电服务时效及过程类似传统加油模式，可按照每一次能源补给结算电费和换电服务费用，贴合用户使用感受，真正实现用多少电花多少钱。

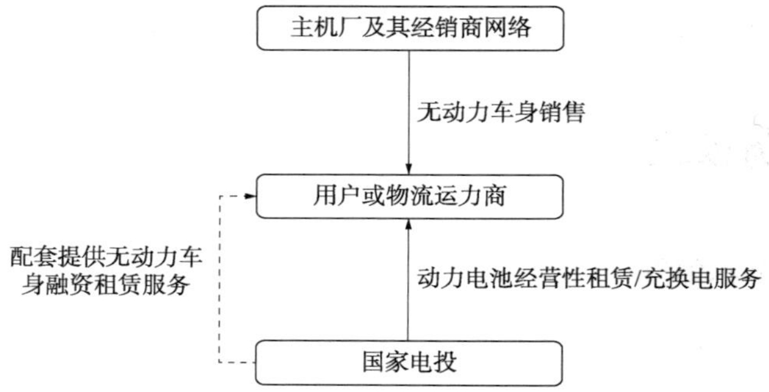

图2 车电分离模式示意图

(2) 合同能源管理模式

国家电投与日照港就新能源电站建设采用合同能源管理模式。国家电投负责开发、投资、建设、运营新能源电站，日照港负责免费提供符合项目技术方案要求且不存在争议的产权的新能源电站安装位置/场地以及电网接入线路，或以租赁的形式提供新能源电站建设用地，双方共享新能源电站绿电收益。

4 效益分析

4.1 经济效益

(1) 风光储部分财务测算

能源基地项目总投资约 17.314 亿元，其中光伏项目总投资为 8.474 亿元，风电项目总投资为 6.5 亿元，储能项目总投资为 2.34 亿元。

日照项目自发自用，余电上网，分别按照 100%和 80%消纳测算。

(2) 换电重卡油电经济性测算

本项目换电重卡及换电站的投资金额近期为 0.3 亿元、中期为 1.26 亿元、远期为 6 亿元，总计 7.56 亿元。

日照港口内部倒运车辆现使用燃油存在两种情况：第三港务公司、集发公司等自持车辆和工程机械的货代公司使用的燃油为港口内部中燃公司供油，燃油价格比外部正规加油站燃油价格便宜；第一港务公司、第二港务公司、裕廊公司等公司无自持车辆，其物流服务依赖于外部物流公司，其使用的燃油多为外部低价地炼油。

4.2 环境效益

本项目建成后，平均每年可提供清洁电能 5.4 亿 kW · h，与燃煤电厂相比，以供电标煤煤耗 300g/kW · h 计，每年可节约标煤 16.2×10^4t，折合原煤 22.68 万 t。相应每年可减少多种大气污染物的排放，其中减少二氧化硫(SO_2)排放量约 3.1kt，一氧化碳(CO)约 43.24t，碳氢化合物(C_nH_m) 17.64t，氮氧化物(以 NO_2 计) 1.8kt，二氧化碳(CO_2) 38.56 万 t，还可减少灰渣排放量约 5.04 万 t。可见，建设本工程可以减少化石资源的消耗，有利于缓解环境保护压力，实现经济与环境的协调发展，项目节能和环保效益显著。

浙能滨电综合智慧能源项目 09 案例

1 项目概况

1.1 项目背景

浙能滨电厂址位于绍兴市柯桥区北部的平原河网区-印染集聚区内，可以根据用户需求和当地资源状况，实现热、电、压缩空气、光伏等多种能源的定制化、一体化集成供能。当前供热规模为 2500t/h，远期设计供热能力为 3200t/h，集中供压缩空气 3000Nm^3/min，年供压缩空气 10.26 亿 Nm^3。为实现园区智慧综合能源服务，在服务范围内建设一套统一的智慧供热生产管理与运行调度平台，构建管网的智慧化运行与管理体系，开发“掌上热力”App，提升服务效率，提高用户服务体验。同时，浙能滨电通过发展光伏发电等可再生能源项目，在区域内提高电能替代及清洁能源使用比例，构建多能互补、梯级利用、协同优化、智慧运营、经济可靠、清洁高效、环境友好的综合能源供给系统。

1.2 项目进展情况

2021 年 12 月，项目正式投产，浙能滨电完成向集聚区提供“热+电+压缩空气”综合能源供应服务。

浙能滨电负责印染集聚区的热力管网建设和热力销售。集聚区中供热管网主干线分 1#～8#线，总长达 61km，目前已完成建设。此外，浙能滨电的四期热网工程正在建设中，其中包括 24.28km 热网管线和 6.39km 压缩空气管网。

智慧供热生产管理与运行调度平台 2021 年 11 月完成验收。在浙能滨热电服务范围内建设一套统一的智慧供热生产管理与运行调度平台，通过建立覆盖热源、热网、热用户的全过程仿真模型，形成一套包括物联网感知硬件、离线仿真分析、运行状态监测分析、实时仿真分析、负荷预测分析、热源机组供热生产方案分析、运行优化决策、设备资产信息管理在内的智慧供热系统调度整体解决方案，实现热网运行状态在线分析、源网协同优化调度、蒸汽品质监控与调节、位移智能监控、系统信息实时发布等功能，形成智慧化运行与管理体系。

此外，通过发挥区域供热优势，在滨海二业区积极拓展分布式光伏业务并推进相应工程的建设和运维服务。目前，已开工建设瑞雪蓝色印染分布式光伏项目和已完成政府备案工作的灰渣场、宇华、永通印花光伏发电项目，柯桥区光伏推进工作在区政府协调下也初具模型，瑞雪项目已完成招标工作，处于开工建设中。

2 能源供应方案

2.1 负荷特点

印染集聚区热负荷情况：滨海印染集聚区现共有 58 家印染企业热负荷最终需求总量达到 3150t/h 左右，高峰在 3520t/h 左右(低压 2170t/h，中压 1350t/h)。柯桥区印染集聚区承接绍兴市袍江区印染企业搬迁工作，2021 年底完成袍江搬迁印染企业集聚。滨海印染集聚区用热需求量达到 4550t/h，高峰在 5000t/h 左右(低压 3050t/h，中压 1950t/h)。

印染集聚区压缩空气负荷情况：园区内多数企业均需要用到压缩空气，印染企业的主要用气设备包括印花机(平网印花机、圆网印花机)、定型机和开幅机，以及仪表用气等。浙能滨电周边 39 家印染企业电动空压机投运的负荷为 1552.67Nm^3/min，压力为 0.5~0.8MPa；浙能滨电目前空压机运行负荷为 307.8Nm^3/min，压力为 0.7MPa。压缩负荷合计 1860.47Nm^3/min，压力为 0.5~0.8MPa，投入使用的空压机设备负载率普遍在 80%~90%之间。

印染集聚区的大部分企业为高耗能企业，可消纳分布式光伏发电的年发电量。

2.2 技术路线

根据用户需求和当地资源状况，实现热、电、压缩空气、光伏等多种能源的定制化、一体化集成供能。利用先进技术和管理模式，构建多能互补、梯级利用、智能化的能源供应及管理系统，提高区域能源系统利用效率。通过打造智慧能源管理平台，在供热系统管网中的关键位置处敷设必要的温度、压力、湿度等状态的物联感知终端，通过移动通信网络远传至监控中心，以便于调度运行人员全面掌握热网运行状态。建立供热系统全过程仿真模型，通过实时仿真对供热系统的运行状态进行全面软测量。构建以互联网技术和大数据技术为支撑的能源网络体系，以用户为中心实现供能端、用能端的深度融合，根据终端用户的负荷需求变化通过智慧能效管理平台对能源流进行精准调控，为其提供能源监测、需求管理、调度优化、能源交易等服务。

2.3 装机方案

滨海热电一期为 2×300MW 燃煤抽凝机组，供热能力为 2×400t/h。滨海二期扩建工程为 4×57MW 燃煤抽汽背压机组，额定设计供热能力为 4×325t/h，滨海三期扩建工程为 1×57MW 抽汽背压机组，配置一台 500t/h 高温高压锅炉，额定设计供热能力为 325t/h。滨海四期扩建工程为 1×57MW 抽汽背压机组，配置一台 500t/h 高温高压锅炉，额定设计供热能力为 325t/h（已核准，筹备建设中）。

集中供应压缩空气项目：该项目建设 4 台铭牌出力为 750Nm^3/min（4500kW）汽轮机拖动离心式空气压缩机组（所配汽轮机为 B4.5-9.1/0.98），同时建设 2 台铭牌出力为 400Nm^3/min（0.9MPa）的 4500kW 电动离心式空压机组作为备用，800Nm^3/min 热吸附式干燥机 5 台（每台电动机容量 2800kW）及空气过滤器等附属设施。项目建设完成后可形成年供压缩空气 10.26 亿 Nm^3 的产能。

目前，在印染集聚区已完成政府备案及开工项目，包括瑞雪蓝色印染，永通、宇华及灰渣场光伏项目，装机容量约为 8601.93kWp，柯桥区整区光伏推进工作经区政府同意，由区建设集团会同柯桥供电分局、浙能滨电联合实施项目建设。此外薄膜、牧场、爱利斯等近 40MW 项目正在洽谈推进中。

3 用户服务模式

3.1 用户需求分析

属地政府：地方政府希望通过引导用能企业和供能企业的空间集聚，实现能源的就近、高效供给，进而降低区域能耗，减少污染物排放，提高土地利用效率。

客户端：希望获得廉价、优质、有保障的高品质能源；能源供应的配套节能降耗的专业定制化服务，以使更多的精力专注于工艺升级、规模扩张和产品创新；有效解决印染纺织产业发展与环保、能耗之间的矛盾，实现绿色发展；将热电联产机组供热蒸汽用于驱动空压机并配套建设空压站替代原企业分散电驱动空压站，减少能量转化时的能源损耗，减少原分散电驱动空压站的冗余配置。

3.2 服务模式

浙能滨电在“产业集聚+能源集聚+服务集聚”的基础上构建的综合能源服务体系，实现了区域环境保护与节能降耗的双重目标。通过搭建智慧供热生产管理与运行调度平台等信息化管理平台，实现智慧化的综合能源管理。

浙能滨电通过提供智慧综合能源服务，实现了多元供能、卓越能效、智慧用能、绿色用能、管家服务的多维目标。第一，主要配置于需求侧、按需定制。第二，有效提高能源利用效率，构建多能互补、梯级利用、有效降低单位产值能耗及区域总耗能。第三，通过构建能源互联网，实现能源的智慧化综合能源管理，根据终端用户的负荷需求变化通过智慧能效管理平台对能源流进行精准调控。第四，综合能源服务体系的构建有效降低区域环境污染排放水平，实现绿色低碳发展。第五，基于综合能源延伸拓展的各项服务有效增强了用户黏性。

4 效益分析

4.1 经济效益

集中供应压缩空气项目，通过大容量的压缩机替代各企业小容量的压缩机，效率高，成本低，减少各二级单位空压机的维修费用，减少周边企业耗电量。

智慧供热生产管理与运行调度平台通过“源-网-荷”协同运行优化调度实现综合节能1%（网损3%降至2.97%）。在热源侧，基于互联互通的热网，通过在多热源间优化负荷分配，提高机组运行效率，降低污染物排放。在热网侧，通过优化运行方式，改善设备检修维护水平，降低热网损耗。在需求侧，通过开展负荷预测，促进供需动态平衡。

4.2 环境效益

在环保排放方面，集中供热后与重点地区限值相比，每年可减少颗粒物排放量509291t，减少 SO_2 排放量42899t，减少 NO_x 排放量2814t；减少 CO_2 的排放量约为

2044677t，环境效益明显。在土地利用效率方面，以集聚区第三批15家经整合的印染企业为例，从55家集聚整合为15家，总计占地面积减少了约70%。

通过集中供应压缩空气，替代区域内现有的分散小空压机。汽轮机拖动空压机集中供应压缩空气，与热电联产一样，能源综合利用效率高，折标煤耗下降，污染物也相应减少，有利于集中处理和采用先进的处理技术。

目前，已完成政府备案及开工的瑞雪蓝色印染，永通、宇华及灰渣场光伏项目，相比燃煤火电站，每年节约2408.15tEC，减少CO_2排放量约6285.39t。

广州明珠工业园区国重项目 10 案例

1 项目概况

1.1 项目背景

针对明珠工业园区内可再生能源的大规模就地消纳利用、提高能源综合利用效率等需求，项目通过冷、热、电、气等综合能源系统一体化规划设计与协调运行控制示范工程的建设，突破综合能源配用电一体化规划设计、多参与主体的工业园区互动机制、保障综合供能可靠性的多能协调控制、基于多能协同的源-网-荷-储智能调度等关键技术，考虑多参与主体、冷、热、电、气等多能流，工商业等多元用户互动等因素，挖掘园区内源-网-荷-储中的可调控能力，探索多方共赢的运营模式，研发并部署应用综合能源配用电一体化规划系统、多能协调控制系统、综合能量管理系统，在广州明珠工业园区进行示范，构建示范园区内部可靠、清洁、高效的综合能源配用电系统，并实现与大电网的友好互动。研究成果推动了分布式可再生能源大规模应用，为未来综合能源配用电系统的规划、建设和运行提供技术支撑和关键装备，在提高我国能源装备技术水平方面发挥引领和示范作用，促进社会的可持续发展。

1.2 项目进展情况

项目已经上线运行。

2 能源供应方案

2.1 负荷特点

明珠工业园始建于 2003 年，核心开发面积约 51km^2，是国家第一批分布式光伏发电应用示范区。作为典型的产业工业园，覆盖多个产业集群，工业负荷占85%，用能形式包括冷、热、电、气，用能效率提升空间大。园区内电源系统配置鳌头能源站，装机规模为2×14.4MW，与配套的余热锅炉和调峰锅炉一起，为园区提供电力和热力。热力用户主要为万力轮胎厂等相关企业。园区在万力轮胎、万宝漆包线等企业装设了光伏发电装置，建成项目容量超过26MWp。同时，园区内还有一座生物质电厂，装机规模为2×12MW，为园区的清洁电力供应打下了良好的基础。

示范区内有白兔、万力(用户)2座110kV变电站，10kV电网以单联络接线为主，示范区内10kV馈线接线模式为多分段多联络和单辐射接线，电网结构清晰。示范园区共由3个110kV变电站供电，分别为110kV白兔站、110kV明珠站和110kV万力站。其中，明珠站110kV电源来自220kV从化站，白兔站110kV电源分别来自220kV从化站及220kV绿洲站，万力站110kV电源来自白兔站。白兔站和明珠站为系统变电站；万力站为用户站，主要为万力轮胎厂内负荷供电并提供CCHP(冷、热、电三联供)接入。

2.2 技术路线

项目采用分层分布的设计理念，涵盖园区层综合能量管理、企业层自驱优能量控制、设备层智能监控等功能。

其中各逻辑层次简要描述如下：

园区层综合能量管理系统基于园区运行态势感知和多维风险评估，通过日前计划、日内鲁棒滚动、实时校正实现园区全局优化调度，给企业用户下发用户功率曲线。

企业层综合能量管理系统评估工商业企业自身可调控能力，根据园区下发的功率曲线，进行企业自身用能的自趋优协调控制，实现多能互补、经济运行。

设备层智能监控功能可实现电力设备、冷热设备、生产设备的信息监测和运行控制，接收企业层自趋优优化控制功能制定的控制指令，实现各类设备内部各环节或组件的精细控制。

项目研发建设1套园区级综合能量管理系统和6套企业级综合能量管理系统，与30多套CCHP、DCS(分布式控制系统)、分布式光伏、冰蓄冷、压差发电、电储能、燃气锅炉等分布式资源进行互联互通，实现示范园区内用电量占比80%的6家大型企业“冷、热、电、气、水”等多种能源的全景感知监控。通过多能协调优化调度，实现示范园区26MW光伏的完全消纳和示范区80%以上的用电自发自用。通过上级电网、园区、企业、设备等多级联动需求响应，实现园区峰值负荷削减20%。系统通过冷/热/电/气的多能互补和梯级利用，实现节能降耗。

2.3 装机方案

光伏系统：26MW。储能系统：47.25MW·h。冷热电三联供能源站：28.8MW。生物质电厂：24MW。

3 用户服务模式

3.1 用户需求分析

工业园区的建设走向资源循环、环境生态和谐的可持续发展道路，关键在于能源的清洁供应与高效利用模式的建立和完善。由能源电力的规模化满足过渡到可再生能源充分利用、多能协同高效应用、用户侧有效互动、园区整体精细化管理等模式，其中具体内容包括：

（1）可再生能源充分利用

以光伏发电、废弃物等多种形式进行选择，整体园区则依据循环经济理念、清洁能源生产要求，实现物质闭路循环、能量多级利用以及废物产生最小化。在保障经济发展的情况下，对生态的影响降到最低。

（2）多能协同高效应用

结合园区的电、冷、热相关需求，同时考虑其间的相互置换关系，就能源各类的供应形式进行有效匹配。以冷热电联合供应为主，细化分析，设计优化分布式能源的配置方案，精确匹配冷热参数，改善能源供应、能源传输网的相关部署以及技术方案，实现园区内的多能协同高效利用。

（3）用户侧有效互动

在深入研究当前用户侧负荷互动特性和互动型负荷潜力的基础上，设计适应国内调度实际和未来智能电网需求的用户侧互动模式，建立能够最优化统一调配发电资源和互动用户负荷的发用电一体化调度计划，开辟一条为用户侧主动提供互动服务的途径，有效提高系统多能协同调节以及消纳间歇性能源的能力。

（4）园区整体精细化管理

顺应园区能源服务的数字化智能化发展趋势，以能量流与信息流的紧密融合为基础，建立园区整体精细化能源管理体系是实现节能减排、提质增效的重要途径。合理设置能量管理系统的架构和流程，通过能量管理系统的统一整体精确化管理，使得园区内各种能源均衡配置、组织，有效互动并且不断循环利用，从而使得区域内能源利用的生态性表现得更为充分，实现区域内的可持续发展。

3.2 服务模式

本项目为用户和牵头单位配套资金，后期我公司提供现场调研、系统设计、系统研发、系统部署等服务。

3.3 运行情况及可持续优化

项目建设的1套园区级综合能源管理系统及6套企业级综合能源管理系统自投运后均运行稳定，并取得良好收益。在此基础上，园区级综合能源管理系统和企业级综合能源管理系统均根据实际运行需求进行可持续优化。在园区级综合能源管理系统方面，由牵头单位运营，并将系统进行迁移上云，便于后续实现更多园区的综合能源管理。此外园区级综合能源管理系统作为示范园区的负荷聚合管理平台聚合园区多家企业参与广州市需求响应辅助服务中，让用户侧参与电网侧优化互动由示范走向落地。在企业级综合能源管理系统方面，作为企业的智慧化能源管理工具，充分发挥数字化技术优势帮助企业实现降本增效，部分企业在项目研发成果基础上进一步开展了蒸汽提压再利用等相关工作，进一步挖掘节能减排潜力。在此基础上，企业级综合能源管理系统与广东省政府能耗管理平台进行对接，实现企业能耗监测信息上传，助力高耗能企业能耗管理，助推双碳目标实现。

3.4 商业模式扩展

项目研发的园区级综合能源管理系统可为更多用户提供代理参与广州市需求响应辅助服务，可通过交易代理、技术支持等方式获取利润分成。项目研发的企业级综合能源管理系统可实现企业更多厂区的能耗精细化管理和节能优化控制，获取更多节能减排收益。

4 效益分析

4.1 经济效益

本项目实现示范园区26MW光伏的完全消纳和示范区80%以上的用电自发自用。园区用户用能总费用降低 27.8%，用电费用降低 31.2%，用热费用降低 24.1%，用电度电成本降低 19.6%。通过用户直购电、分布式光伏、用户侧储能、空调节能、能源梯级利用等手段，园区节省电费支出。通过上级电网、园区、企业、设备等多级联动需求响应实现，园区峰值负荷削减 20%。

4.2 环境效益

实现 26MW 以上可再生能源全额就地消纳，减少 CO_2 排放 1.6 万 t。用户用能总量减少 14.5%，单位产值能耗降低 6.4%，单位产量能耗降低 5.3%，协助用户实现能耗“双控”，助力打造清洁低碳、安全高效的工业园区。园区用户用电特性对电网更加友好，峰时段用电占比降低 52.3%，平时段用电占比降低 5.3%，谷时段用电占比增加 43.8%，促进电网削峰填谷，助力新型电力系统建设。

案例11 团泊洼智慧零碳园区综合能源服务项目

1 项目概况

1.1 项目背景

本项目位于东莞市科技产业园区华为团泊洼工业园区内，总用地面积约 33.8 万 m^2，总建筑面积约 73.6 万 m^2，包括 7 栋厂房、食堂、地下室等空间。东莞作为粤港澳一大核心经济区，经济活跃度较高，人员密度大且往来频繁，为保障人身财产的安全，该区域对能源供应的持续性、可靠性要求具有较高要求，而由于该区域固有的高峰谷、具尖峰的用能特征，负荷变化对区域主网供能的稳定具有冲击性，故该区域需要考虑各项手段配合增强覆盖区域的整个能源系统的稳定性。

1.2 项目进展情况

本项目于 2021 年 8 月启动协商，2021 年 10 月完成可研外部评审，2022 年 1 月完成全部能源协议协商，华为团泊洼工业园区冰蓄冷等设施已于 2021 年建成投运，分布式光伏储能于 2022 年 6 月开工建设。整体项目分别于 2022 年 9 月底和 12 月底投运。

2 能源供应方案

2.1 负荷特点

园区共 20 条市电进线，其中 2 条线路是备用电源，其余 18 段高压供电母线每段进线设计容量在 8500~11800kVA，每段进线预测平均负荷在 1300~2500kW，主要负荷为厂房生产、照明、冷冻站、冷水机组、冰蓄冷、液氮站、空压机等。

2.2 技术路线

本项目探索综合智慧能源解决方案在工业园区落地，建设分布式光伏 11.936MW、用户侧储能为 15MW/30MW·h、冰蓄冷 190286kW·h、V2G 充电桩 100 个，构建智慧低碳能源管理平台及柔性交直流电混合配网。利用新能源发电技术、多能转换/存储技术、多能调控技术、节能减排技术、电力电子技术，打通园区多能流，实现园区源网荷储一体化，提高能源利用率、减少碳排放。利用物联网技术、云边端协同技术、AI 技术、云编排技术等打通园区多系统信息流，实现园区能耗和碳资产管理一体化，支撑园区和电力市场、碳市场、电力调度信息交互和运营增值。

项目解决方案包括基础平台、业务平台和智慧联接及交互三个部分(如图 1 所示)：

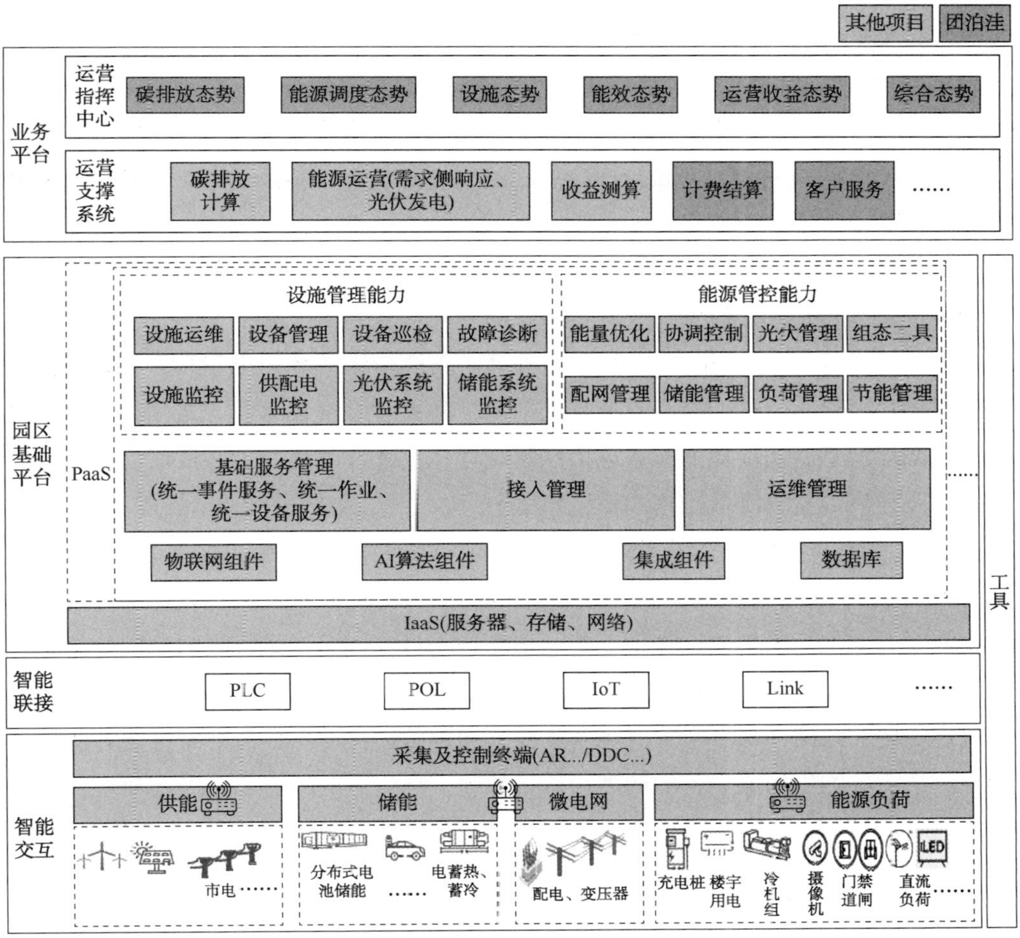

图 1　团泊洼综合智慧能源管理平台架构

（1）业务平台

面向园区管理者、运维运营人员提供不同视角、不同维度的一站式智慧低碳能源服务，主要包括设备管理、态势感知、碳管理、削峰填谷及需求侧响应运营。

（2）基础平台

包括 IaaS 服务、PaaS 服务。IaaS 服务提供数字平台及应用部署所属的计算、存储、网络等资源并将其进行虚拟化，提供统一的服务接口。PaaS 服务则将 IoT、大数据、视频、AI、GIS、BIM 等技术部件进行预集成，开箱即用，降低使用门槛，并在此基础上，进行多业务数据融合，实现统一的管理和运营，并通过对行业的理解，沉淀核心场景业务流程，通过开放服务能力和接口，能快速使上层业务应用创新。

（3）智能联接及交互

打造设施统一接入框架，支持能源供给设备接入、能源消费设备及储能设备的接入，实现设备的即插即用，支撑各类终端统一运维和运营管理。

1）设备管理：应用功能包括设备资产管理、设备编排、设备上线、设备监控、设备退运等。管理的设备范围包括光伏、储能、充电桩、冰蓄冷及其他耗能设备。

2）态势感知：包括发电侧的发电量及发电功率态势、储能充放电态势、充电桩的运营态势及其他用能设备态势。

3）碳管理：围绕园区构建碳全生命周期管理，包括排放源管理、碳排放计量、碳排放分析、碳减排指导、碳资产管理、碳交易管理等。

4）削峰填谷：以最小化尖峰负荷（功率型）或最小化高峰用电量（能量型）为使命，以最优市场化电价为目标，基于负荷预测结果，建立考虑设备运行可靠性约束的多时段储能优化调度模型，实现储能充放电策略智能优化，降低系统的尖峰负荷，提升系统的运营效率及经济效益，降低主网的供电压力。

5）需求侧响应：实现日前邀约型需求侧响应。①精确预测可响应量。提前（可定义）对发电预测、负荷预测数据及可控负荷等信息，以及园区需求侧响应可参与量进行预测，需要考虑前后的影响，作为上报需求侧响应量的依据。②智能响应调度策略。以各类用能预测数据和产能数据为基础，将光伏发电、储能、冰蓄冷、充电桩、空调等设备纳入优化调度范围，部署考虑电网调度要求和设备运行可靠性的束的智能算法，实现综合能源系统各类供用能设备的调度和运行控制，响应主网的需求，提升项目运营经济效益。

2.3 装机方案

光伏发电系统：合计 11.4995MWp。

储能系统：3 套 6MW/12MW · h 储能系统、3 套 3MW/6MW · h 储能系统、2 套 1MW/2MW · h 储能系统。

充电桩：8 支直流充电桩(快充)(30kW/支)、42 支交流充电桩(慢充)(7kW/支)。

冰蓄冷：蓄冰设备装机容量 54120RTH(190286kW · h)、双工况冷机单台 2719RT(9560kW)/3 台制冰 1860RT(6540kW)。柔性交直流配电网主要设备配制表如表 1 所示。

表 1　柔性交直流配电网主要设备配制表

序号	名称	规格型号	数量	单位
1	DC750 进线开关柜	DC750V，800A	1	面
2	交直流双向变流器	AC380V/DC750V(含隔离变压器)	1	面
3	双向变换器配电柜	125kW	1	面
4	直流配电柜	含断路器、一体化直流配电单元	1	套
5	直流配电馈线柜	一体化直流配电单元	1	面
6	照明电源柜	直流照明 100kW	1	面
7	DC220V 馈线柜	直流照明	1	面
8	交流电源屏+UPS 设备	进线两路，馈线，10 路；馈线 UPS，8 路	1	面
9	直流电源屏	馈出 DC220V 15 路，电池容量 60Ah	1	面
10	交流开关柜	AC380V，1250A，框架断路器	1	面
11	微网控制柜	微网控制	1	面
12	监控主机柜	交直流配电监控系统	1	面
13	测控装置柜	并网点测控装置防逆流功能使用	1	面
14	直流空调	56-780V DC	2	套
15	直流 LED 大屏	P. 158，3m×12m	1	套
16	直流照明等负荷设备	照明控制柜等	50	套

零碳园区综合能源服务平台：利用云边端协同技术、AI 技术、物联网技术，实现园区多能和碳资产的一体化运营管理，主要包括业务平台和基础平台两部分。

3 用户服务模式

3.1 用户需求分析

(1)“两个一体化”政策发展分析打造绿色低碳生活圈的需要

国家发展改革委、国家能源局《关于推进电力源网荷储一体化和多能互补发展的指导意见》(简称《指导意见》)中提出了“两个一体化”实施的总体要求，并明确了“多能互补”“源网荷储”一体化的实施路径，明确提出了“利用存量常规电源，合理配置储能，统筹各类电源规划、设计、建设、运营，优先发展新能源，积极实施存量风光水火储一体化提升”。在推进“风光火储一体化”方面，《指导意见》明确指出，“对于存量煤电项目，优先通过灵活性改造提升调节能力，努力扩大新能源电力规模。对于增量基地化开发外送项目，优先汇集近区新能源电力，优化配套储能规模”。

(2) 工业园区绿色低碳可持续发展需要

工业园区属于高用能体量、高用能密度区域，若采用常规主网供能方式，未来全区域的年能耗预期可达到约2亿kW·h，平均用地面积年耗电约699kW·h/m^2，故为保障区域发展的经济性与可持续性而具有较高的节能需求。

(3) 用能企业降低能耗、降本增效需要

该区域属于典型的高用能峰谷差区域，全年基荷占比较小，全年工作日的日峰谷差基本处在年最大负荷的40%以上、对于空调使用季则可达到60%~70%，故为提升能源系统的设备利用率、运行效率及投资运行的经济性而具有较大的负荷削峰需求。

3.2 服务模式

合同能源管理+第三方投资：本项目园区业主是华为技术有限公司，由广东电力发展股份有限公司负责项目投资，由广东电力发展股份有限公司全资子公司东莞松山湖粤电综合能源服务有限公司负责项目运营。

4 效益分析

4.1 经济效益

本项目测算年均光伏发电量1206.79万kW·h，年碳减排(CCER)7930t，光伏年均发电收益为901万元，储能年均调峰收入约为766万元，碳减排(CCER)年收益32万元，调优节能年收益33万元，年需求侧响应收入取中位预测预计为123万元，项目投资回收期11.1年。

4.2 环境效益

光伏系统是一种清洁的能源，有利于保护周围环境，是一种绿色可再生能源。本项目分布式光伏发电，年减少 CO_2 排放量约 7930t。

本项目采用多能和碳资产统一运营管控平台，对园区用能综合调优，每年可节约电费 33 万元，减少碳排放量达 7930t。

本项目对环境的影响大部分是在施工过程中带来的环境影响，全部利用现有闲置土地，土建部分施工量较少，故对环境影响极小，施工造成的环境影响将随着工程的结束而消失。

华电莘庄工业园区综合智慧能源项目 案例 12

1 项目概况

1.1 项目背景

为落实国家“互联网+”智慧能源的产业政策，依据中国华电集团公司在上海市的战略部署，中国华电集团上海分公司在市场调研中发现闵行区莘庄工业区供热工程可以实施燃气热、电、冷三联供改造。莘庄工业园区建于 1995 年 8 月，总占地面积为 17.88km^2，整体布局如图 1 所示，是距上海市区最近的市级工业区。2011 年 11 月，莘庄工业区纳入张江国家自主创新示范区，是全市首个国家生态工业示范园区，也是国家新型工业化产业示范基地和循环经济试点园区，已成为当地重要的经济增长级。

中国华电集团上海分公司与莘庄工业区管委会沟通，达成合作意向，并签署了合作协议，于 2011 年 11 月成立了上海华电闵行能源有限公司(简称华电闵行公司)，并很快启动了本项目的一期工程，于 2015 年投产。该项目是我国第一个实现区域热、电、冷三联供的项目，是上海市第一个完成清洁能源替代的项目，是第一个中美能源示范合作项目，也是全球唯一一个前店后厂模式的项目。

华电闵行公司已拥有电力、工业蒸汽、空调冷热水、生活热水 4 种能源产品。工业蒸汽覆盖莘庄工业园区 40 余家用户，年供蒸汽量约 150 万 GJ；其中，重要用户 15 家，次重要用户 8 家。空调冷/热水用户 17 家，供能面积约 200 万 m^2，年供能量约 20.5 万 GJ。同时，园区用户还配置光伏发电等多种能源形式，可以与燃气三联供系统形成互联，从而互为补充、互为备份。

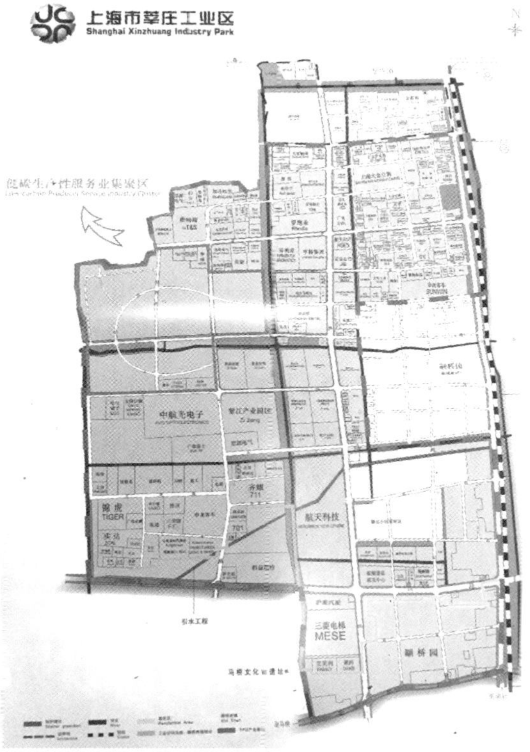

图 1　莘庄工业区整体布局示意图

1.2　项目进展情况

上海华电莘庄工业区燃气热、电、冷三联供一期项目于 2012 年 1 月获上海市发改委核准，2013 年开工建设，2015 年投产。二期项目一阶段建设 2 台 30MW 级的燃气-蒸汽联合循环机组，于 2019 年投产。

2　能源供应方案

2.1　负荷特点

莘庄工业区以现代制造业为主，逐步形成了以微电子通信、机械及汽车零部件、新材料新能源及精细化工为支柱的三大主导行业。“十二五”初期，莘庄工业区内拥有两座集中工业锅炉房(锅炉 5 台，总额定蒸发量为 135t/h)和三百多台企业自有燃煤锅炉(额定总蒸发量为 1531.2t/h)，区域内的集中供热率仅为 8.8%。

闵行区政府提出了《闵行区闵行新城 MHC10501 单元莘庄工业区西区概念性规划》，拟借助莘庄工业园区的开发策略，通过大力发展自身产业，把莘庄工业区西区发展建设成为一个集总部经济、研发中心、商务办公、行政中心、商业服务、教育科研于一体的高效、可持续发展的区域。西区的功能定位为平台型商务功能、产业孵化加速功能和综合城市服务功能，这样的功能定位对空调供冷、供热品质都有较高的要求。而区域供冷、供热不但能够满足区域用户的高品质空调需求，而且对实现概念性规划提出的“营造低碳生态环境、打造低碳生态示范区”目标具有积极贡献。

本项目一期工程覆盖 45 家冷热用户，用户的最大设计热负荷约为 142.1t/h，平均热负荷约为 104.1t/h，最小热负荷约为 77.7t/h。年负荷需求 861403t。二期工程冷、热负荷覆盖范围：以莘庄工业区为主体的 300km^2 范围内的企业及商住用户。区域最大空调冷负荷约为 197074.5kW，单位面积冷负荷指标约为 92W/m^2；区域最大空调热负荷约为 95474.6kW，单位面积热负荷指标约为 45W/m^2。预测区域年供冷量和供热量分别约为 12768 万 kW·h 和 6020 万 kW·h。

2.2 技术路线

本项目将建设区域型综合智慧能源系统，为园区工业及商业用户提供电、热、冷等多种能源。项目在已建设的 180MW 燃气热、电、冷三联供系统的基础上，扩展 60MW 燃气热、电、冷三联供系统，进一步融合屋顶光伏、蓄能，并实现对 80 多家用户的供能，实现多能优化集成互补，形成包括能源生产、输送、销售、结算、决策、服务和数据处理功能的区域能源数据中心。

2.3 装机方案

本项目现有 2 套 60MW 级和 2 套 30MW 级燃气-蒸汽联合循环冷、热、电三联供机组，以天然气为原料，实行高能源利用率的冷热电三联供生产工艺。整套机组采用分轴联合循环方式，一套联合循环发电机组由一台燃气轮机、一台蒸汽轮机、两台发电机和一台余热锅炉及相关设备组成。燃气轮机系统有两台采用 GE 公司生产的 LM6000PFSprint 航改型燃气轮机和发电机，另外还有两台 LM2500+G4 航改型燃气轮机和发电机，均室外布置。汽轮机系统包括南京汽轮电机集团有限公司生产的 LCZ10—4.9/1.3/0.6 型抽汽凝汽式汽轮机、发电机和东方汽轮机有限公司生产的 B2.5-7.0/2.5 型背压式汽轮机，室内布置。余热锅炉采用东方日立锅炉有限公司生产的双压、非再热、无补偿、卧式、自然循环余热锅炉，室外布置。正常联合循环运行期间，燃气轮机为机组的原动机，以天然气作为燃料，燃机热排气进入余热锅炉产生高压蒸汽、低压蒸汽。高压蒸汽驱动汽轮机，汽轮机第1级叶片后抽汽作为供热汽源。低压蒸汽一部分提供汽轮机补汽汽源，另一部分作为溴化锂机组的驱动蒸汽(夏季)或换热机组的热源(冬季)，满足空调冷热负荷，进一步提高联合循环机组的效率。

发电工艺流程简介如下：首先，燃气轮机以天然气为原料，经过燃烧做功，带动发电机产生电能。然后将燃气轮机排出的高温烟气送入余热锅炉，利用锅炉产生的次高温、次高压蒸汽带动蒸汽轮机，一期机组完成第一级做功后抽取一部分蒸汽作为供热气源供应给工业区热用户，如图2所示；二期机组通过汽轮机高背压排汽供热。低压蒸汽一部分作为汽轮机补汽汽源，另一部分作为溴化锂机组的驱动蒸汽(夏季)或换热机组的热源(冬季)，如图3所示，满足空调冷热负荷，进一步提高联合循环机组的效率。

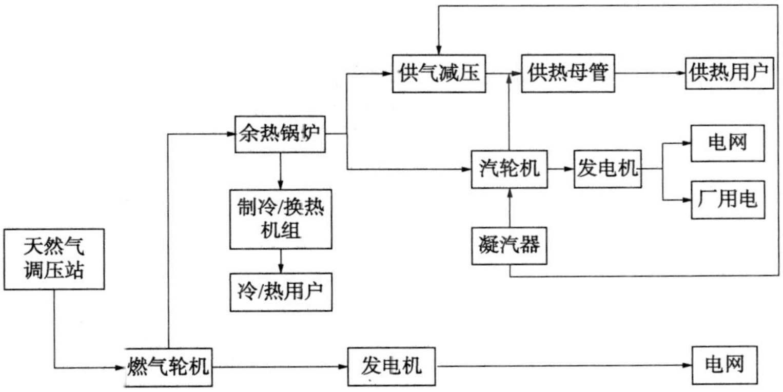

图2　一期项目工艺流程图

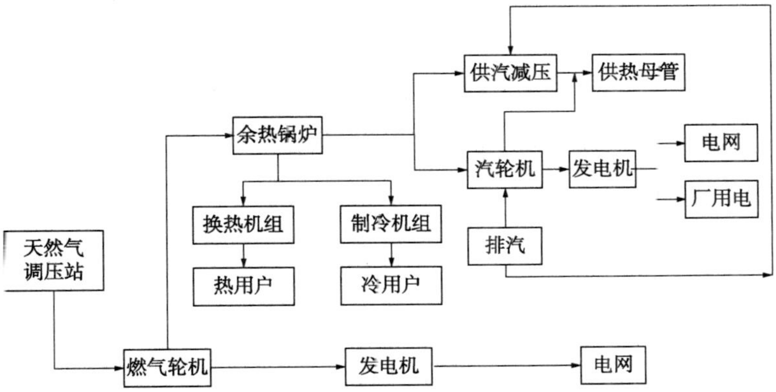

图3　二期项目工艺流程图

同时，为促进能源的深度梯级利用，在华电闵行公司区配置了1套100kW级低温有机朗肯循环(ORC)发电机组，如图4所示利用华电闵行公司现有热源——Ⅰ期凝水加热器高温热水（高温热水出口温度约 150℃，流量 30t/h）推动 ORC 系统发电，热水做功后回到凝水加热器入口。冷源——循环冷却水（冷却水出口温度约 30℃、流量 200t/h）接入有机朗肯循环系统余热发电机组，以完成示范工作。

此外，本项目还探索了多热源协同供能思路，建成以华电莘庄三联供能源站为主供热节点，以米其林锅炉、厂区尖峰锅炉等园区分散锅炉为备用热源点的多热源点热网示范系统。采用 VPDN 技术完成闵行公司热网、冷网数据接入 DCS 系统，实现数据采集、在线远程实时监控，米其林公司供热蒸汽参数实现远程自动控制，满足用户用能的个性化需求。同时，增加 2 套溴化锂制冷机组、2 套供热板换热系统实现商务区、办公区空调供能。华电闵行公司厂区太阳能光伏发电、ORC 余热发电项目已上线运行，实现多能互补应用场景。

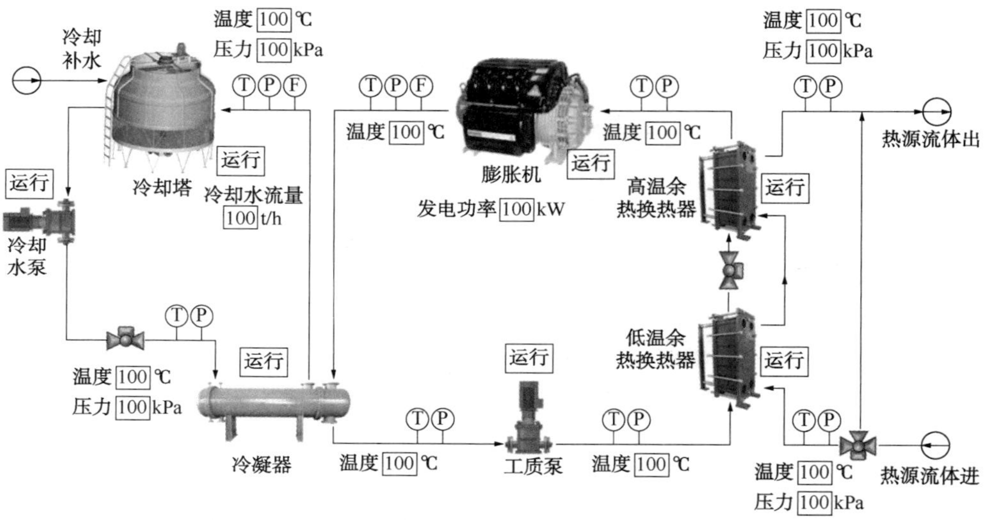

图 4　基于燃气-蒸汽联合循环系统余热的 ORC 系统流程图

3 用户服务模式

3.1　用户需求分析

园区共有 41 个蒸汽用户，按照行业分类将其分为 11 类。金属加工设备制造业蒸汽用户有 7 个，分别为福伊特、电装中国、紫燕合金、实达（华锦路）、实达（金都路）、依工五金、川田机械；食品加工业蒸汽用户有 9 个，分别为世达食品、淳萃食品、德乐食品、芬美意、曼可顿、紫泉饮料、紫燕食品、光明乳业、星星肠衣；医药制造类蒸汽用户有7个，分别为华茂药业、天平药业、天伟生物东、天伟生物西、通用药业、兆维科技、新亚制药；化工生产类蒸汽用户有4个，分别为索理思、德固赛、蓝星有机硅、盛威科；合成材料加工类蒸汽用户有5个，分别为紫东化工、保力马、巴斯夫、西门子低压、西门子高压；印刷业蒸汽用户有3个，分别为东港、寿精版、紫江彩印；日用品加工类蒸汽用户为2个，分别为卫生材料厂、华银日用；橡胶加工业蒸汽用户为米其林；餐具制造业蒸汽用户为龙神餐饮；皮革生产企业为鹰革渥太华；贸易商品加工类蒸汽用户为北杰贸易。

如图5所示，在这41个用户中，金属加工设备制造业用户占比为22%；食品加工类用户占比为22%；医药制造类用户占比为17%；化工生产类用户占比10%；合成材料加工类用户占比为12%；日用品加工类用户占比为5%；印刷业占比为7%；橡胶加工业和餐具制造业占分别为3%；皮革生产类占比为2%，其中金属加工设备制造业、食品加工类用户占比最多，皮革加工企业最低。

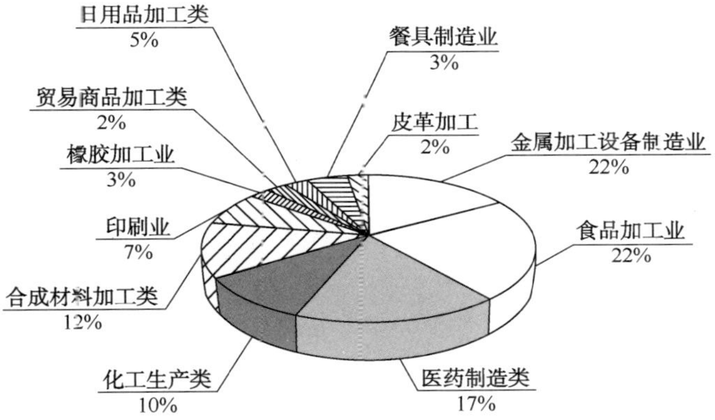

图5　莘庄工业区用户行业构成

根据对园区用户数据采集分析，2019年，园区用户全年总积算热量为348639GJ，2020年，全年总积算热量为1017341GJ，约是2019年的2.9倍。2019年，园区内米其林为最大热用户，年耗汽量达到292859GJ；2020年，新加入的光明乳业则成为最大热用户，年耗汽量达到359912GJ。如图6所示，全年实际积算在热区间[0，10000]GJ的用户占比最多，为17个用户，高达47%，其次(10000，30000]GJ范围内的用户数为12个，占比为35%，由此可知中低耗汽量用户占比较多。

如图7和图8所示，相比于2019年，既有用户的用汽量在2020年大多相对减少。这主要归结于2020年新冠肺炎疫情的影响，企业部分减产，从而用汽量下降。但是，2020年园区新增了多个蒸汽用户(光明乳业、北杰贸易、西门子、新亚制药、星星肠衣和鹰革等），从而使得整体用汽量不降反增，特别是用汽大户光明乳业的加入。

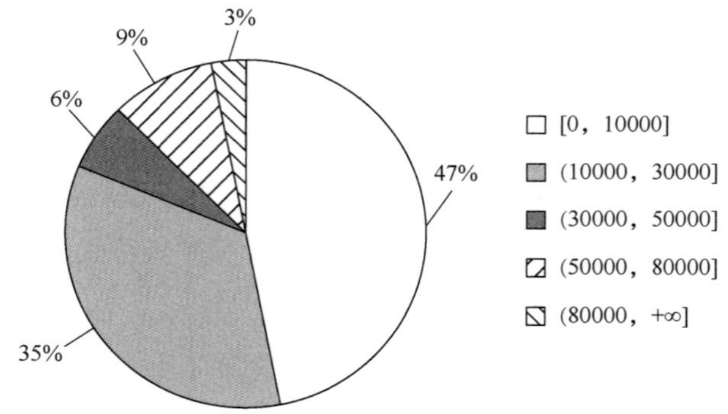

图6　2019年基于用汽量的园区用户占比

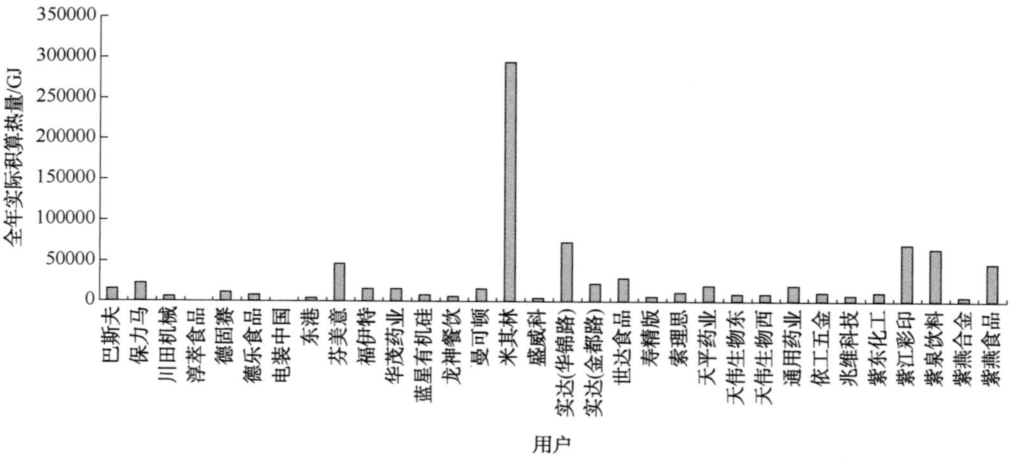

图7　2019年园区用户全年积算热量

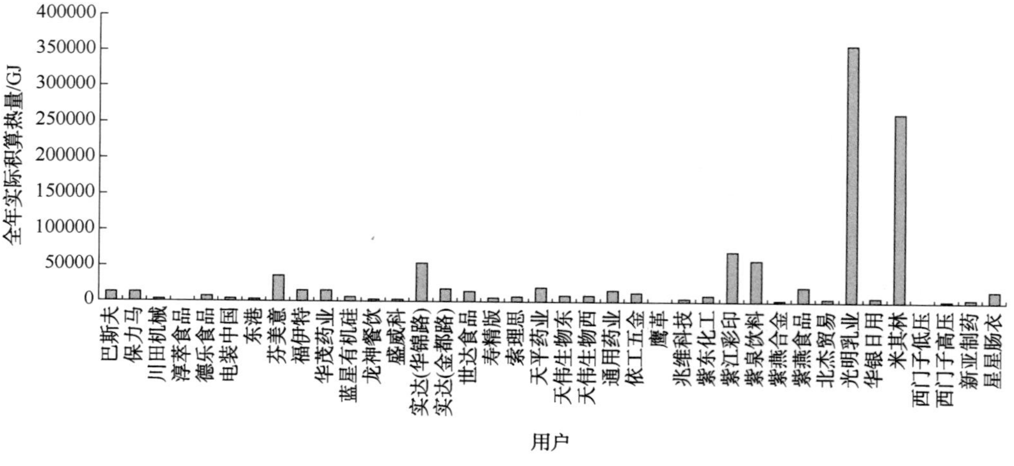

图8　2020年园区用户全年积算热量

3.2 政策依据

2016 年 2 月 29 日，国家发展改革委、国家能源局、工业和信息化部联合制定的《关于推进“互联网+”智慧能源发展的指导意见》发布。《意见》提出了“能源互联网基础设施建设”“营造开放共享的能源互联网生态体系”，以及“能源互联网关键技术攻关、核心设备研发和标准体系建设”等“十大任务”。

2016 年 7 月 26 日，国家能源局印发了《关于组织实施“互联网+”智慧能源（能源互联网）示范项目的通知》，提出将开展综合和典型创新模式的两类综合智慧能源试点示范。国家能源局将首批国家综合智慧能源示范项目分为综合智慧能源综合试点示范与典型创新模式的试点示范两大类别，涉及城市型综合能源、园区级、跨地区多能协同综合示范，以及基于电动汽车、灵活性资源、绿色能源灵活交易、行业融合、能源大数据和第三方服务以及智能化能源基础设施的创新模式的典型试点示范，共 9 个小类。本次示范项目申请，申报将近 300 多项，最后获批 55 项。其中，园区级综合智慧能源的示范项目共 12 项。

3.3 服务模式

（1）用能行为分析

用户能效管理。通过能源系统的集中监测和控制，实现能源数据采集—过程控制—能源介质消耗分析—能源管理等全过程自动、高效、科学化管理，使能源管理与能源生产、使用全过程有机结合起来，提升能源管理的整体水平。基于能源生产信息数据、制造执行系统的综合生产信息数据、企业资源计划（ERP）销售成本和能源业务日常管理等信息数据，运用数据处理与分析技术，实现能源系统的生产分析和管理。

客户痛点关注分析。基于大数据的客户关注痛点分析，为客户服务改善、业务事件监控、工作调度提供帮助。它可以让现场管理人员迅速了解客户的关注痛点，通过客户痛点关注分析，及时掌握服务动态，有针对性地调整应对策略，优化调度服务资源，从客户最关注的方面进行服务和管理提升。

缴费行为分析。电力客户信用评价是对需要开展信用评价电力客户的履约趋势、偿债能力、信用状况、可信程度等各方面的特征加以综合考虑，最终得到其信用评分的过程。欠缴电费回收是长期以来困扰各大电力公司的难题。在能源数据中心中有用能客户缴费的每一笔数据明细，通过大数据分析技术，开展基于缴费行为的客户动态信用评价实证分析，建立用能客户信用数据库，实现用能客户信用评级定量分析，从源端消除欠费隐患。

（2）用能平衡、需求响应与市场交易

用能平衡。对用户的能源消耗量、不同地域与时段的能源价格、天气预报及用户的供暖特性等多种数据进行综合分析，确定最优运行方式和负荷控制计划，并通过合理的能源价格结构引导用户转移负荷，优化负荷曲线。

能源需求响应。整合各种能源生产、运输、销售、管理的数据，可以对需求侧的响应过程进行模拟仿真，对区域性能源需求的构成比例进行解析，梳理出影响需求侧响应的各种因素，找出开展需求侧响应的最佳对象，形成相关的仿真模型。基于仿真模型，通过调整不同类型的企业、商业用户在需求侧响应中的比例，从而确定最佳的需求侧响应策略。

市场交易。能源互联网的市场具有主体多元化、商品标准化、物流智能化、交易自由多边化的特点，通过庞大的能源生产与消费数据，进行用户用能行为分析和用户市场细分，使能源企业能有针对性地优化营销组织，改善服务模式。同时，通过与外界数据的交换，挖掘用户能耗与能源价格、天气、交通等因素的关联关系，为决策者提供多维、直观、全面、深入的预测数据，主动把握市场动态。

在运行机制方面，本项目以综合智慧能源项目为基础，成立能源综合服务公司，实现灵活的多种能源综合服务。通过引入用户侧需求响应，探索用户从用能方转换为虚拟供能厂商，使用户之间通过综合智慧能源服务平台进行能源交易，开创综合智慧能源项目运行机制新模式和电力市场化改革新路线。

4 效益分析

4.1 经济效益

上海华电莘庄综合智慧能源项目将优化莘庄工业区及周边地区的能源结构，进一步提高能源利用效率。项目以天然气冷、热、电三联供清洁能源为中枢，融合光伏发电以及大规模储能进行综合智慧能源项目建设，为整个区域提供一整套的能源综合服务。

本综合智慧能源项目与用户自建常规能源系统成本的比较，按215m^{2}供能建筑面积估算，本项目区域能源系统在初始投资方面较用户自建常规能源系统节约投资约20791万元，占用户自建能源系统成本投资节省比例约29.3%；在能源系统运行方面，与用户自建常规能源系统比较，本综合智慧能源项目的全年运行费可节省6321万元，节省比例约为 66.9%。

4.2 环境效益

本工程为燃气热、电、冷三联机组，该机组可以大大提高能源利用效率：大型发电厂的发电效率一般为 30%~40%；而经过能源的梯级利用使能源利用效率从常规发电系统的 40%左右提高到 80%~90%。本综合智慧能源项目相对于常规能源系统全年节约能耗为 15 万 tEC，相对于常规能源系统全年减碳量为 37.5 万 t，相当于在城市中心种植约 1500 万 m^2 的森林，具有非常好的节能减排效益。

4.3 社会效益

通过分布式燃气、分布式光伏等项目的建设，实现多能联供，多能互补，集成优化，将上海莘庄工业区及周边地区组成的综合智慧能源系统打造成为绿色智慧的综合智慧能源项目示范点，将上海华电闵行能源有限公司建设成为集能源自动化生产与管理、实时化监测与调配、智能化服务与决策于一体的智慧型园区能源管家，完成技术创新和商业模式创新。对地方政府来说，有效完成节能减排目标，保障能源安全与生产安全，优化招商平台，提高土地利用率，改善工业生态发展环境，促进区域经济发展。

本项目体现了综合智慧能源项目的特点，实现了多能流协同能量管理，探索了多种能源形式灵活交易与需求侧响应模式，提高清洁能源利用率和终端能效，降低电力供应压力，减轻天然气供应压力，减少园区内各建筑物的空调系统的配电容量，减少空调系统能源消耗量和污染物排放量，减轻各建筑物空调系统排热造成的热岛效应，具有极大的节能减排示范意义。

结合项目所在地自然条件和项目负荷特点，以天然气冷、热、电三联供为中枢，融合了工业园区大规模屋顶光伏，并充分利用余热技术和水蓄能技术等先进能源利用技术，形成多能流的耦合供能系统，将获得更高的能源利用效率并节省运行费用。同时，可以将综合智慧能源项目建设成为生态环保型的典范，具有积极的宣传示范效应。

本综合智慧能源项目建立在区域能源信息化建设的基础之上，并采用物联网、信息化、大数据技术，实现区域内调峰、调频、备用等发电辅助服务和直接负荷控制、可中断负荷、高可靠性负荷等各类需求侧响应，实现区域能源系统的优化管理与控制。专业化和商业化运营的园区的多种能源可以更加高效合理地使用能源，避免了能源浪费和不合理用能，真正使综合智慧能源项目成为一种能源综合服务。

5 创新点

（1）系统集成创新

本项目的实施集成了各种供能站的建设，能源输送管网的建设，及互联网技术、大数据分析和云计算技术等的应用，这些技术各自都是相对成熟的、在各自领域经过多次实践的，但是集成应用却是新颖的、在探索中的，需要进行大量适应性的研究和创新型的整合应用。因此，本项目的建设包含了大量的集成创新。

（2）能源生产和消费形式的创新

综合智慧能源项目是智慧能源与互联网的结合，改变了能源生产、管理和消费的原有分工和界限，重塑了市场规则和管理方式。这一创新催生了生产组织、商业模式和管理方式的创新，也为消费者带来用能方式的改变。

本项目的实施实现供给与需求侧智慧用能、灵活交易、在线响应，使能源生产不仅仅是分布式，而是在实时监测基础上的能量动态实时交互。对消费者来说，也不再是粗放地、机械地使用能源，而是根据可用的能源情况和自身需求进行灵活的选择和调整。

（3）运营模式和商业模式的创新

本项目的建设目标之一是将上海华电闵行能源有限公司建设成为智慧型园区能源管家。所谓能源管家，是在能源自动化生产与管理、实时化监测与调度基础上，通过基于云端的大数据分析，实现智能化的决策与服务。具体体现在运营模式上不再是单纯的能源提供，而是根据供应侧的实时状况和历史数据分析及需求侧的实时监测及动态预测进行各类能源生产模块之间的协同调度。在商业模式上，通过对用户行为特性分析、聚类分析等，并结合能源生产情况和预测情况，提供各类能源组合在一起的能源套餐服务和增值服务。能源套餐一方面有以各类能源为主的基础套餐和专项套餐，供用户自主选择和组合；另一方面也有根据用户特性和历史结算数据分析提供的不同专项套餐。增值服务包括用户内部能源设备的日常维护和应急检修、能源的临时调配、能源的全权托管、能源装置的建设等。

运营模式和商业模式的创新是一个持续的过程，贯穿项目可研、设计、实施、运营的全过程，以便充分发挥综合智慧能源项目的优势，进一步满足用户需求、提高能源利用率、增加项目收益率。

霍林河循环经济示范工程项目 13 案例

1 项目概况

1.1 项目背景

霍林河循环经济示范工程位于内蒙古自治区东部霍林河地区，是首个“风-电-铝”绿色产业链。2013 年，霍林河循环经济示范工程依托已建成的 8 台火电机组，通过“上大压小”方式关停 2 台 5 万 kW 机组，新建 2 台 35 万 kW 火电机组和 80 万 kW 风电机组（分布实施）；在原有网架结构的基础上，新建 8 条 220kV 输电线路，扩建 4 座 220kV 变电站，形成双环网供电网络；同步建设生产运营监控中心，配套建设局域电网调度自动化系统、双套独立通信网系统、安全稳定控制系统，实现对火电机组、风电机组、输电线路、铝厂负荷的调度生产指挥和管理。截至 2023 年 6 月底，该项目总装机容量 240 万 kW，其中火电装机 180 万 kW，风电装机 60 万 kW；220kV 线路 19 条，总里程为 154.22km；220kV 变电站 7 座，110kV 变电站 2 座，变压器 45 台，总变电容量为 5749MVA；电解铝负荷 140 万 kW，年产能 86 万 t。

2010 年 10 月，原中国电力投资集团公司成立工作组，正式启动了霍林河循环经济示范项目。预可研报告委托华北电力设计院编制（风电部分由中国风电编制），局域网技术方案由武汉大学、清华大学等课题研究组联合编制。2011 年 7 月，原蒙东能源成立霍林河循环经济示范工程筹备组，具体负责项目前期及项目核准相关工作。

2011 年 9 月，原蒙东能源协调内蒙古自治区能源局、通辽市政府，到国家能源局汇报了霍林河循环经济示范工程项目的有关情况。国家能源局认为霍林河循环经济示范项目从总体来看，基本符合“提高能源加工转换效率，逐步构建现代能源产业体系，提高能源使用效率，合理控制能源消费总量，实现科技创新和体制机制改革创新”的要求，项目基本可行。

2012年6月，华北电力设计院编制了《中电投蒙东能源霍林河循环经济示范工程初步可行性研究说明书》。

2013年5月，中国国际工程咨询公司出具了《中电投蒙东能源霍林河循环经济示范工程初步可行性研究报告的评估报告》（咨能发〔2013〕1102号），评估认为：该示范工程就地转化利用霍林河地区丰富的褐煤资源，就地消纳丰富的风电资源，支撑电解铝和铝合金高耗能产业清洁生产。同时通过国内首个风-电-铝清洁能源示范、单机大容量负荷集中局域网运行示范、高比例消纳风电示范，指导和促进我国风、火、光电并网运行的深入研究和广泛应用。

1.2 项目进展情况

霍林河循环经济示范工程项目建设内容包括夏营地一至三期300MW风电项目、扎哈淖尔2×350MW火电扩建项目以及局域电网项目。各项目分别于2014年7月30日、2014年10月4日和2014年9月6日投入运行。工程竣工决算投资合计为54.6亿元。

（1）夏营地300MW风电项目

霍林河循环经济示范工程风电项目总体规划建设80万kW，建设地点分别位于扎鲁特旗夏营地和冬营地地区。夏营地风电场设计容量为50万kW，冬营地风电场设计容量为30万kW。按照统一核准、分期建设的原则，先期开发建设夏营地地区一期、二期、三期30万kW风电项目，如图1所示安装单机容量为2000kW的风力发电机组150台，新建220kV升压站一座，以2回220kV输电线路就近接入附近扎哈淖尔铝厂三期母线。

图1 夏营地300MW风电场

该项目接入霍林河循环经济局域电网，由局域网内火电机组承担调峰、调频任务，保证风电基本全额消纳。该项目于2013年4月1日开工建设，2013年10月31日一期10万kW风电项目全部风机并网发电，2013年12月31日二期10万kW风电项目全部风机并网发电，2014年7月30日三期10万kW风电项目全部风机并网发电。该项目可研风电年平均利用时长为2723h，投产后实际年平均利用时长为3400h左右。该项目夏营地风电场运行指标5A级对标证书如图2所示。

图2　夏营地风电场运行指标5A级对标证书

（2）扎哈淖尔2×350MW火电项目

霍煤鸿骏铝电有限责任公司电力分公司原有8台机组，总装机容量为1200MW。火电作为绿电消纳的基本盘，是保障能源安全的压舱石与稳定器，为配合新能源调峰，保障局域电网运行稳定，由国家电投内蒙古公司投资兴建扎哈淖尔2×350MW火电扩建项目。该工程扩建2×350MW超临界燃煤直接空冷汽轮发电机组（9号和10号机组），同步建设烟气脱硫、脱硝设施，并留有扩建条件。该项目建成后关停原有的2×50MW机组。

扎哈淖尔2×350MW火电扩建项目于2012年8月开工建设，2014年10月两台机组全部投产发电。该项目采用EPC工程总承包模式，由中电投电力工程有限公司作为EPC工程总承包商，全面负责项目的设计、采购和施工工作。扎哈淖尔2×350MW火电扩建项目，各项指标均符合设计要求，合格率为100%，优良率为100%。该项目两台机组投产以来，锅炉、汽轮机、发电机及主要辅助设备安全可靠，运行平稳。项目建成后环保效益显著，项目自2014年下半年竣工投产以来，发电利用时长和发电量一直处于高水平，为满足铝厂的用电负荷发挥了重要作用，项目目标均已实现，并荣获2016年度中国电力优质工程奖及2016—2017年度国家优质工程奖等荣誉，如图3及图4所示。

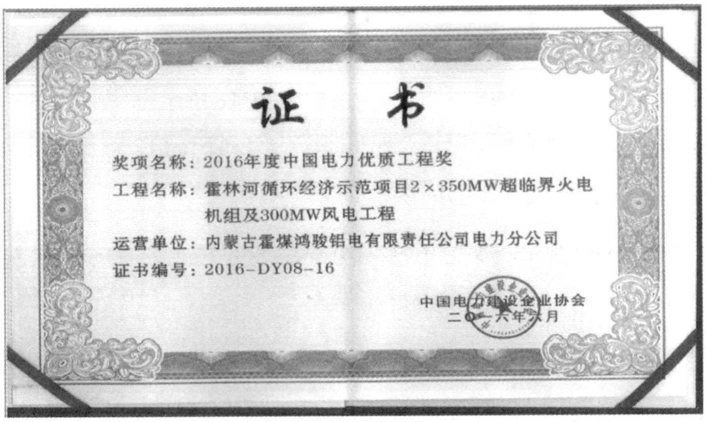
证 书

奖项名称：2016年度中国电力优质工程奖

工程名称：霍林河循环经济示范项目2×350MW超临界火电机组及300MW风电工程

运营单位：内蒙古霍煤鸿骏铝电有限责任公司电力分公司

证书编号：2016-DY08-16

中国电力建设企业协会

二〇一六年[illegible]月

图 3　2016 年度中国电力优质工程奖

内蒙古霍煤鸿骏铝电有限责任公司扎哈淖尔分公司：

你单位建设的霍林河循环经济示范工程电力项目（2×350MW超临界火电机组及300MW风电工程）荣获2016—2017年度国家优质工程奖。

特发此证。

中国施工企业管理协会

二〇一六年十二月

图 4　2016—2017 年度国家优质工程奖

（3）局域电网项目

霍林河循环经济示范工程项目局域电网包括新建 8 回 220kV 输电线路、扩建 4 个 220kV 变电站、扩建 11 个 220kV 出线间隔、新建局域电网电力监控指挥中心（如图 5 所示）及相应的二次工程的 220kV 输变电工程，最终在原有 13 回输电线路基础上，形成局域电网 220kV 双环网的主网架结构供电系统（如图 6 所示）。

霍林河循环经济示范工程局域网项目建成投运后，加强了示范区电网网架结构，从单环网基本形成了双环网，提高了地区电网供电能力和供电可靠性，基本上能满足地区负荷的供电需要。同时，促进了电源侧协同优化，通过发挥火电兜底作用，较好地利用了风电资源，提高了示范区煤电铝循环经济产业链整体效益，获得国家优质投资项目奖如图 7 所示。

图 5　电力监控中心调度大厅

图 6　局域电网新建 220kV 输电线路

证书编号：2016-2017028

国家优质投资项目奖

霍林河循环经济电力监空指挥中心：

贵单位申报的2016-2017年度国家优质投资项目“霍林河循环经济示范工程”业经2月21日专家审查委员会审查通过，亦经2月27日审定委员会表决审定，特颁发此证书，以资鼓励。

中国投资协会
二〇一七年六月

图 7　国家优质投资项目奖

2 能源供应方案

2.1 负荷特点

霍林河循环经济局域电网单机容量大、负荷高，又含有大规模的风电；电解铝负荷特性为刚性，不能长时间停电，功率平衡控制只能整体切除一个系列或单台整流机组；受风电特性影响，火电需实时参与调峰，对系统自动化控制提出了更高的要求。

电解铝生产过程依靠不间断供给电解槽直流电能，工艺要求电流恒定，若直流电流大幅度波动，会显著影响电解槽运行，尤其是热平衡的稳定性，影响铝电解槽技术经济指标。电解铝负荷特性是恒功率负荷，对局域电网的调频控制与稳定提出了更高的要求。

局域电网接入了首期 30 万 kW 风电，风电作为一种间歇性能源，具有很强的随机性和不确定性，随着风电场容量的增加，风电的特性对电网安全稳定运行的影响也愈加显著，要求系统调峰能力和爬坡速度要满足风电变化需求，大规模高比例的风电接入对局域电网接纳能力提出了更高要求。

2.2 技术路线

霍林河循环经济示范工程是我国首个风、火互补发电系统，是国家电投内蒙古公司按“煤电铝一体化”“用煤发电、用电炼铝、以铝带电、以电促煤”的循环发展模式经济，实现高载能负荷清洁能源供电的国家级示范项目。局域电网现电源总装机为 255 万 kW，其中，火电 8 台、总装机 180 万 kW（2×100MW+2×150MW+2×300MW+2×350MW）、风电装机 60 万 kW、光伏装机 15 万 kW。局域电网用电负荷主要为三个电解铝负荷，运行时基本保持恒定不变，小时用电负荷合计为 1400MW 左右（霍铝 380MW+鸿铝 420MW+扎铝 600MW），电解铝年产能合计 86 万 t。

1）制定安全稳定控制策略，首次实现电源和负荷自动联动。电力监控指挥中心根据局域电网实际情况，通过安稳策略仿真试验、安稳装置安装调试、安稳策略复审、安稳定值计算等各项工作，确定多项控制策略，解决了不同运行方式下的系统安全稳定控制问题。

2）解决了系统谐波大风电无法并网的技术难题，是国内首例实现风电场并入孤网系统运行项目。风电机组并入孤网系统运行初期，电解铝直流负荷特性造成孤网系统 11 次和 13 次谐波含量超标，风机脱网故障频繁。通过进行孤网系统各种工况谐波测试及谐波分析仿真试验后，研究制定治理方案，在负荷侧加装直挂式滤波装置，系统 11 次谐波电压畸变率降至 0.15%、13 次谐波电压畸变率降至 0.28%，总谐波电压畸变率降至 0.4%，低于国家电网谐波含量不大于 2%的标准值。

3）基于 863 项目是国内首例实现火电机组、风电机组和电解铝负荷协调闭环控制系统。通过充分利用火电机组和电解铝负荷的调节能力，建设动态控制系统，实现火电与风电动态互补，达到以铝负荷母线电压来显著调节铝负荷有功功率的预期效果。含可再生能源的孤立电网实时监测与闭环控制系统已通过国家科技部验收。

4）局域电网调度自动化系统实用化功能持续改进。结合系统实际运行方式，重新研发调度自动化系统经济调度计划模块的控制程序，实现经济调度。不断优化风功率预测系统，提高预测准确性，满足局域电网火电为风电调峰，风电全额消纳的需要。运用系统 AGC（自动发电控制）功能，实现火电机组、风电机组 AGC 整体闭环调节。

国家电投集团内蒙古能源有限公司以火电机组为基础，探索建立了煤电（风、光）铝产业集群化、绿色循环发展的大型能源基地建设新路子。2014 年，全面建成并经过历年完善，截至目前，在霍林河地区形成了包括 180 万 kW 火电、60 万 kW 风电、15 万 kV、86 万 t 电解铝产能和具备独立运行能力自备电网的循环经济产业集群，实现发电、用电自给自足，构建了全国唯一就地消纳大规模新能源的高载能产业清洁化发展示范区，其成本优势、经济效益和社会效益显著。

2.3 装机方案

电力分公司 A 厂：2×100MW、2×150MW 机组。

电力分公司 B 厂：2×300MW 机组。

电力分公司 C 厂：2×350MW 机组。

夏营地风电场：600MW 风电+150MW 光伏。

联络线：200MW 紧急备用。

储能：1MW 锂电储能+1MW 铁铬液流储能+1MW 飞轮储能。

3 用户服务模式

3.1 用户需求分析

在电力方面，局域电网用电负荷主要为三个电解系列用电负荷，运行时基本保持恒定不变，每小时用电负荷合计在 1400MW 左右。

在供热方面，8台火电机组全部是热电联产机组，承担着霍林河市区以及扎哈淖尔工业园区700万 m^2 以上居民及工业供热任务。

3.2 政策依据

为进一步贯彻落实国务院《关于进一步促进内蒙古经济社会又好又快发展的若干意见》的精神，支援少数民族地区建设，加快内蒙古通辽地区经济发展，原中电投集团提出了“高载能清洁发展”的战略构想、解决蒙东扎哈淖尔铝合金项目供电问题，打通铝电产业链，形成价值链。

3.3 服务模式

该工程建设单位为霍煤鸿骏铝电有限责任公司，发电由霍煤鸿骏铝电公司电力分公司管理，局域网由电力监控指挥中心管理。行政上电力分公司和监控指挥中心(均未独立注册)均由国家电投内蒙古公司直接管理。该工程资产全部归霍煤鸿骏铝电有限责任公司，投融资均由该公司负责。局域电网所发电力全部自发自用，新能源所发电力网内全额消纳，并通过联络线与东北电网联网运行，为局域电网提供紧急备用，目前，无国家可再生能源基金补贴。

4 效益分析

4.1 经济效益

霍林河循环经济示范工程投运实现了低热值褐煤就地消纳，变废为宝；智能局域电网发挥高效率，现霍林河循环经济示范工程在扎鲁特旗夏营地已建成600MW装机风电，风电平均利用时长在3330h以上，中高速风机年利用小时数近4000h，连续五年在东北地区排名第一，处于全国领先水平。吨铝供电成本较行业均值低0.05~0.1元/kW·h，折算到吨铝成本可降低675~1350元，每年为铝侧节约用电成本6.9亿元左右。单位综合用电成本达到国内一流水平，循环经济产业链的价值效应充分显现，成为企业核心竞争优势。

4.2 环境效益

该项目在大比例就地接纳新能源方面取得了良好实践。

一是自备电厂火电机组采用空冷技术，水源采用城市中水和煤矿疏干水，严格按国家标准建设高效除尘、脱硫、脱硝设施，大气污染物达标排放，截至2020年底，8台火电机组全部完成了超低排放改造，实现环保达标排放。二是鸿骏铝电公司建成烟气污染物趋零排放示范工程项目，排放指标均达到世界先进水平，除尘系统经过湿法净化后，每年可减排氟化物90t，二氧化硫5940t，颗粒物540t。三是大规模新能源就地用于电解铝生产，形成中国首个“风-光-电-铝”绿色产业链，风电年利用小时数超出3400h，弃风率接近于零，利用率达到99.5%居全国首位，每年1/10的电解铝产量由风能提供电力供应；风电渗透率达到38.25%，超过目前新能源利用率最高的丹麦，开创了高载能产业清洁生产的崭新模式和良好示范。2022年底，霍林河循环经济新能源装机占比为29.4%，新能源电量实际消纳占比为11.9%；预计到2023年底，新能源装机占比达36.8%、新能源电量消纳实际比例将达到20.66%；预计到2025年，新能源装机占比达47%，新能源电量消纳实际比例将达到33.28%。风电并入局域网运行，解决了因长距离输电困难，导致大量弃风问题，基本实现局域网内风电的全额消纳。该项目减排效果明显，于2014年12月联合国气候大会上，赢得了由联合国气候变化框架公约组织、中国低碳联盟、美国环保协会、中国低碳减排专委会联合颁发的“今日变革进步奖”。

4.3 社会效益

一是自2016年以来，8台火电机组相继完成了24台高压辅机变频改造、两台30万机组空冷岛增容、两台35万机组余热回收等诸多节能环保改造，供电煤耗整体降低了20g/kW·h。截至2023年4月，两台30万kW和两台35万kW全部完成通流改造，整体煤耗可降低12g/kW·h。二是产业集群直接拉动上下游产业协调发展，年上缴税费约30亿元，为霍林河地区提供社会就业岗位5000余个，为少数民族地区经济发展和社会稳定做出了积极贡献。三是热电联产。8台火电机组全部是热电联产机组，承担着霍林河市区以及扎哈淖尔工业园区700多万平方米居民及工业供热任务。

5 创新点

1）本项目提出了利用高耗能负荷就地消纳大规模风电孤立电网的总体技术方案和系统设计方法，建成了百万千瓦级示范工程，开创了高载能负荷就地消纳大规模风电的全新模式，实现孤立电网中风电的全额消纳。

2）建立了实用化的电解铝负荷有功-电压外特性模型，提出了通过直流电压控制快速调节电解铝有功负荷的方法。

3）基于电解铝负荷直流电压与系统频率的耦合关系，提出了发电机励磁电压控制器和电解铝装置饱和电抗控制器的设计理论，基于常规机组调速器以及 AGC 的协调控制方法，并提升了火电机组调峰能力。

4）提出了在大扰动下稳控系统动作后的孤立电网中暂态不平衡功率的在线辨识方法及平抑策略，研制了基于广域信息的含高渗透率风电孤立电网实时控制系统。

5）研究实施了源网荷协同控制方案，制定了安全稳定的控制策略，首次实现电源和负荷自动联动，解决了不同运行方式下的系统安全稳定控制问题，并使机组具备 FCB（快速切回）功能。

6）研究突破了局域电网谐波治理的技术瓶颈，研究开发了 220kV 直挂式 11 次谐波滤波器，11 次和 13 次谐波电压畸变率分别降至 0.4%、0.28%，总畸变率 0.4%，低于国家电网不大于 2.0%的标准。

集群楼宇类

麻城人民医院天然气分布式能源项目 案例14

1 项目概况

麻城市人民医院新院区占地174524m^2，总建筑面积约210000m^2。医院规划一期设置床位1500张，二期设置800张。根据医院用能需求性质，按照热定电和余电就近消纳、并网不上网的原则，采用“天然气分布式能源+电制冷+锅炉采暖+光伏发电”的多能互补分布式能源系统，不仅保障医院制冷、采暖和生活热水的稳定供应，还在原有市政供电的基础上为医院提供一路稳定的安全保障电源。

本项目于2019年9月份正式开工建设，能源站内设备安装工作已基本完成，能源站外燃气管道、调压站施工单位已入场准备施工；2020年7月底带电调试，2020年9月具备供能条件，院方2021年1月整体搬迁后正式投入运行。

2 能源供应方案

2.1 负荷特点

(1) 医院典型日负荷

医院典型日负荷如图1所示。

(2) 医院全年负荷分析。

根据医院设计资料，预测新院全年逐时冷、热、电、生活热水负荷变化规律如图2~图4所示：

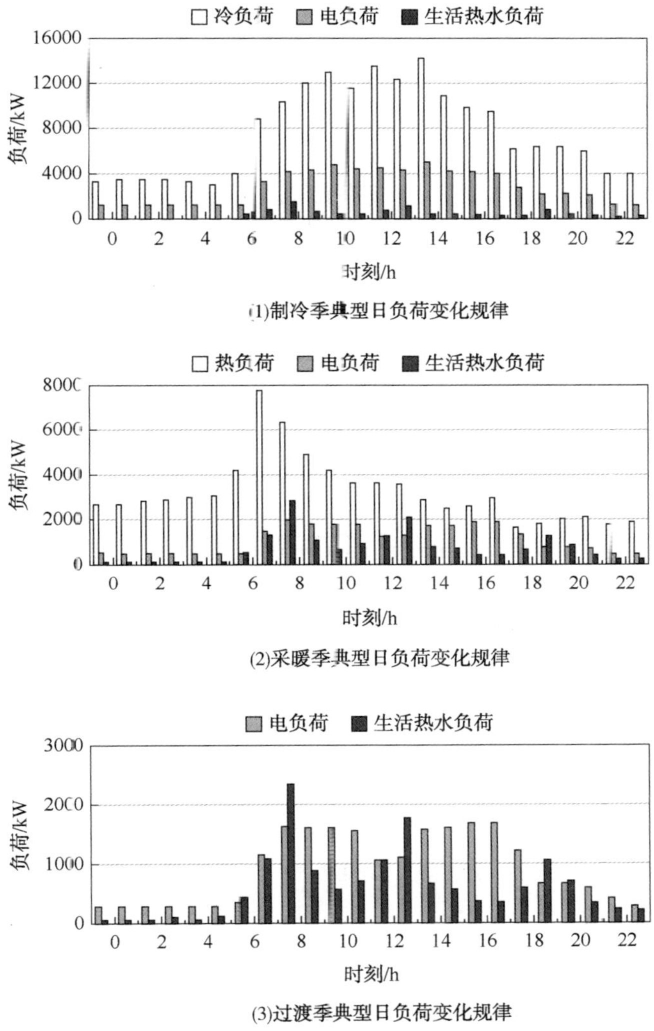

图 1　医院典型日负荷

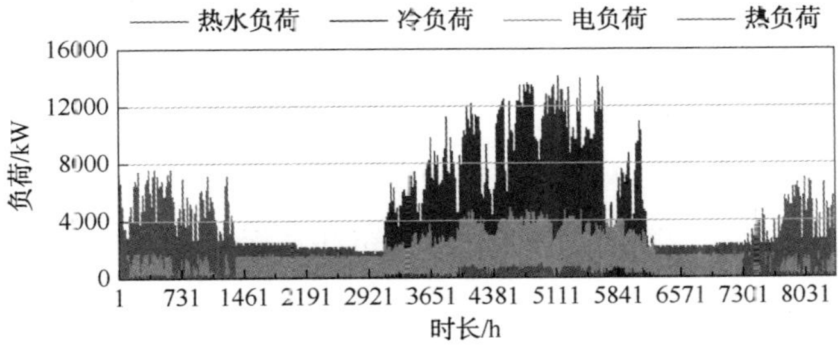

图 2　全年逐时冷、热、电负荷

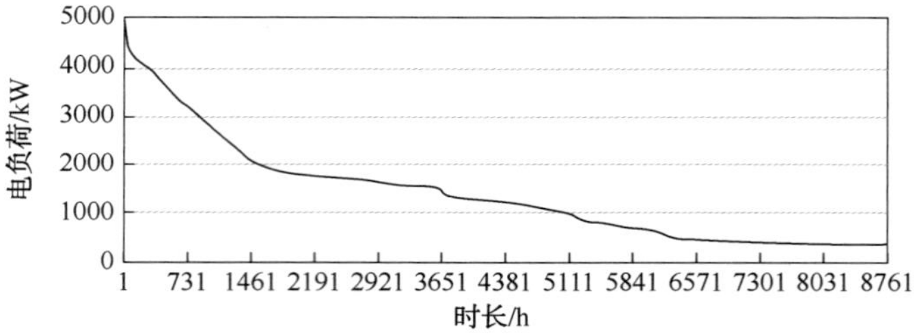

图 3　全年逐时电负荷

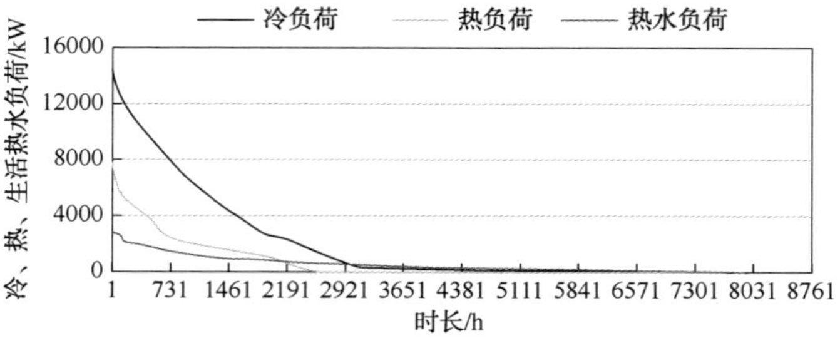

图 4　全年逐时冷、热、生活热水负荷

2.2　装机方案

（1）屋顶光伏发电

在医院内科住院楼和外科住院楼屋顶新建屋顶双面光伏，装机总容量为 156kW；单晶硅双面组件，300Wp，组件转换效率≥18.3%。光伏逆变器额定输出功率为 80kW，最大输出功率为 84.5kW。

（2）天然气冷热电三联供机组

配置 2 台 800kW 级燃气内燃机+2 台溴化锂机组+4 台电制冷机组+3 台燃气真空热水锅炉。

内燃机：额定功率为 791kW；发电效率为 41.5%；热效率为 46.4%；额定气耗为 8670kJ/kW·h；排气温度为 423℃；NO_x 排放量为 250mg/Nm^3。

溴化锂机组：制冷量为 900kW；制热量为 850kW；冷(热)水温度为 7/12℃(50/60℃)；生活热水温度为 60/80℃；冷却水温度为 32/37℃；冷冻(热)水流量为 155/73.1m^3/h；生活热水流量为 36.5m^3/h；冷却水流量为 305m^3/h；烟气进出口温度为 423/120℃；缸套水进出口温度为 92/82℃。

电制冷机组：总输入功率为 561kW；制冷量为 900RT；冷冻水温度 7/12℃；冷却水温度为 32/37℃；冷冻水流量为 542.9m^3/h；冷却水流量为 645.5m^3/h。

燃气真空热水锅炉：热功率为 3.5MW/2.8MW；采暖热水温度为 50/60℃；生活热水温度为 60/80℃；热效率为 95.4%；排烟温度为 120℃；额定气耗为 494.4kJ/kW·h（采暖），315.5kJ/kW·h（生活热水）；NO_x 排放为 130mg/Nm^3。

（3）控制系统

采用南京科远提供的 DCS 控制系统，并建立综合智慧能源监控系统，对医院负荷预测、设备运行智能调度、多能互补等方面进行实时管理。DCS 控制器：3 对；DCS IO：900 点；操作员站：2 套；工程师站和历史站：1 套。

3 用户服务模式

项目公司与麻城市人民医院签订了《供能服务合同》。收费模式按照基本收费+供能计量收费，基本收费实现项目盈亏平衡。超出基本收费的冷、热、生活热水按照流量收费，冷、热单价随天然气价格联动。供电部分按照供应电量收费，电价比市电价格适当优惠。供能服务合同期为 20 年。

4 效益分析

本项目 2022 年达满负荷，内燃机年利用时长为 4411h，投资回收期为 12 年。

山东惠民热泵供暖综合智慧能源项目

案例 15

1 项目概况

本项目是山东惠民早期试点的合村并居项目，已于 2014 年完工。小区距离主城区及集中供热热源较远，无集中热源为小区供热，现有的燃煤锅炉房不符合环保要求，供暖问题急需解决。2019 年，东山源能源集团承接本项目后，对该项目进行考察，经过详细测算确定采用空气源热泵与地源热泵联合运行的方式。本项目主要为聚兴社区供暖。聚兴社区位于山东省滨州市惠民县，建筑类型为居民建筑，项目建筑面积约 3 万 m^2，供热面积 2.6 万 m^2。当地供暖室外温度为-7.6℃；采暖季平均温度为-0.5℃；极端最低气温为-21.4℃。

目前，供热问题仍是小城镇和现代化农村居民点基础保障的短板，主要体现在：

1）小城镇普遍面临无集中热源、个体体量小、供热分散的问题，无法照搬城市集中供热的发展模式。

2）小城镇现有热源大多不符合环保要求，供暖多以散煤、小型燃煤锅炉为主，效率低、能耗高，污染大。

3）小城镇供热率低，热损失大。大多小城镇入住率不高，供暖率不高，供热热损大。

4）建设新能源热源投资成本高，地方政府财政负担困难。新能源运行成本高，投资回收期长。

5）采用新能源供热受现有供热设施的制约，供暖参数不匹配，部分管网、采暖设施需改造。

6）投资建设与运营脱节，运行管理经验不足，缺少统筹规划与管理，无合理供热用能规划。

2 能源供应方案

2.1 建设内容概述

(1) 项目规划设计

本项目采用燃煤锅炉作为热源，基于小城镇供暖的特点，在充分考虑了经济性和安全性的基础上，确定采用空气源与地源热泵联合运行的方式供暖。

在设备选型上，通过调研入住率、生活采暖习惯、供热率、实际供热能耗、供热效率后，确定能源站热力系统供热能力按照聚兴社区设计采暖面积的85%进行设计。能源站一期按照该项目设计采暖面积的70%安装热源，二期按照该项目设计采暖面积的15%进行设计。其中，一期地源热泵满足50%的设计采暖负荷，空气源热泵满足20%的设计采暖负荷。根据入住情况及负荷增加情况，二期逐步增加空气源热泵为补充热源。

考虑到空气源热泵和地源热泵的运行特性，地源热泵按照设计采暖负荷的50%设计，作为该项目的基础负荷，空气源热泵作为补充调峰热源。该设计既保证了较高的运行效率，又能在很大程度上降低投资成本，逐步实施的方法分散了初期一次性投资压力。

(2) 运行模式

设计时考虑了不同热源组合下的不同运行模式如图1所示。在技术实现上，通过一组阀组的应用，可以将空气源热泵与地源热泵在单空气源、单地源、双源并联、双源串联四种运行方式之间进行切换，分别保证在高室外温度、低室外温度、极低室外温度、高供水温度工况下的安全运行和最佳效率。

根据空气源和水源热泵的各自特点，在运行初期及运行末期，以及天气较好，环境温度较高的时刻，以空气源热泵供暖为主。在环境温度较低，湿度较大时，以地源热泵供暖为主。当环境温度较低，单热源不能满足负荷需求，供热量不足时，采用双源并联。末端需要较高水温时采用双源串联。

(3) 智能化控制

本项目采用现场管理与远程监控相结合的运行方式。系统根据室外气温和居民室内温度，自动调控循环水供回水温度、自动匹配机组运行数量。项目运行全数据实现本地与云端实时同步，所有温度、压力、转速、流量、电压、电量等参数均在集控室可调可控。同时，自控系统具备线上线下双备份，能及时对应网络故障，控制系统故障等问题，保证运行安全，数据可靠。

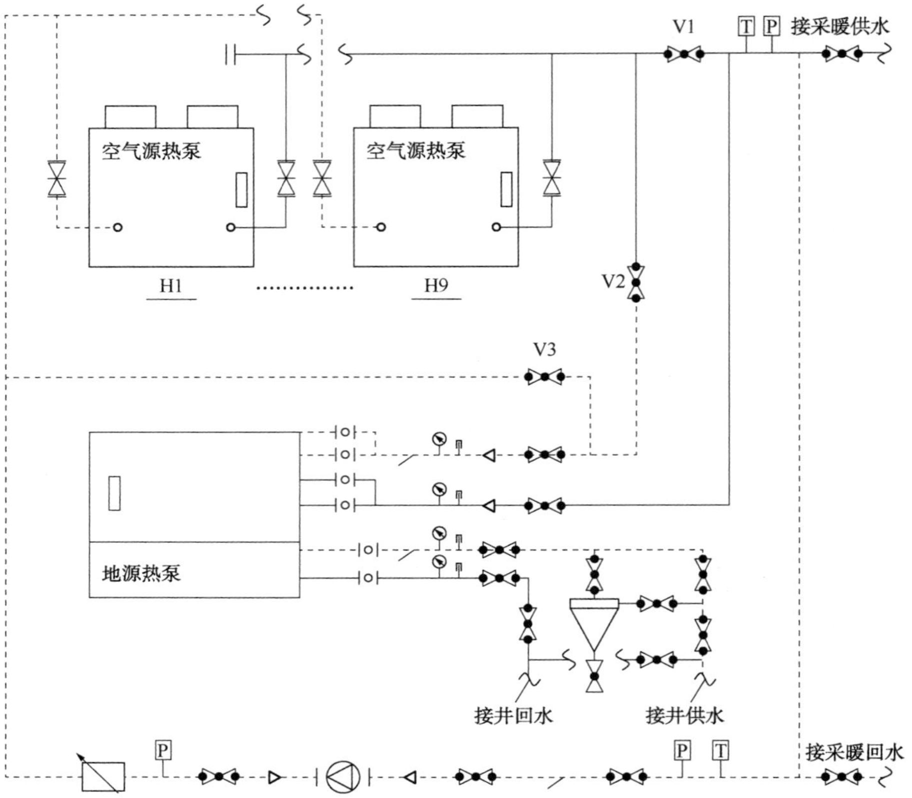

图 1　系统原理图

（运行模式：空气源热泵工况开启 V1，关闭 V2、V3；地源热泵工况开启 V3，关闭 V1、V2；双源串联工况开启 V2，关闭 V1、V2；双源并联工况开启 V1、V3，关闭 V2。）

2.2　项目进展

（1）前期工作

由于小区建设完成于 2014 年，项目资料存档不完善，因此，项目前期设计人员进行了多次详细地实的调查和测绘。通过实地调查发现小区设计时热源采用燃煤锅炉，在小区南侧，有较大区域规划作为锅炉房及煤场，另有一处半地下泵房作为换热站。由于可用空间较为充分，充分考虑项目的可行性，决定采用地源热泵与空气源热泵联合运行的方案，以空气源热泵为调峰，以地源热泵承担基础负荷。

（2）建设情况

受益于前期设计论证较为充分，场地空间宽裕，施工单位经验丰富，整个项目建设顺利，无较大增减项，投资费用控制在预算以内。受地源热泵设备到场影响，地热热泵安装较晚，由于在设计时已经考虑空气源热泵的灵活性，按计划及时调整了施工工序，保证了居民正常供暖，受到小区业主的好评。本项目于2019—2020年采暖期前安装调试完成，于2019年11月15日投入运行，于2020年3月15日结束运行。

（3）运营情况

整个采暖季运行安全平稳，达到了供暖要求，供暖效率良好，用户反馈较好。空气源热泵和地源热泵根据预设参数交替运行，发挥出了空气源热泵的灵活性和地源热泵的稳定性的优势。项目实际运行费用相对于最佳运行工况有所增加，但是整体来说达到了设计论证时的目标。在采暖季运行期间，测试了多种工况的运行参数。由于小区入住率偏低及对各工况测试的需要，本采暖季能耗偏高，单位面积电耗为24.4kW·h/m^2，系统综合性能系数COP为2.99。空气源热泵独立运行工况平均COP为2.86，地源热泵平均COP为3.49，联合运行平均COP为2.71。

3 用户服务模式

该项目采用常规供暖，由东山源能源集团对热源进行建设投资，对管网及采暖设施进行改造，并对用户收取入网费和供暖费。

4 效益分析

本项目投运后，在采暖季供暖效果良好，整个采暖季实现氮氧化合物、二氧化硫、烟尘等污染物的零排放，与传统供暖相比，每个采暖季可节约标准煤368t，减少二氧化碳排放量1396t，减少二氧化硫排放量7.3t，减少氮氧化物排放量3.7t，减少烟尘排放量3.7t。

国家电投总部办公楼宇综合智慧能源项目 案例16

1 项目概况

1.1 项目背景

国家电投总部大楼园区包含 $1^{\#}$、$2^{\#}$、$3^{\#}$办公楼，其中 $1^{\#}$、$2^{\#}$楼为国家电力投资集团有限公司所有，$3^{\#}$楼为茅台集团所有；地下共 4 层，双方共有。三幢楼地上部分电费完全独立计量，由产权方各自承担；地下部分为公共区域，所有设备设施均为双方共有，电费按建筑面积比例分配。三幢楼的供冷及供暖由 $3^{\#}$楼地下三层的制冷、热力机房集中供应，产生的费用由双方按面积比例分摊。

1.2 项目进展情况

项目于 2021 年 12 月实现能源网、管理网、服务网三网融合上线应用。

2 能源供应方案

2.1 负荷特点

国家电投集团 2020 年全年需承担电费的总用电量约为 450 万 kW · h，其中楼宇本身照明及个人设备用电占比为 67. 32%，公用区域用电占比为 19. 15%，空调系统用电占比为 13. 53%。本项目安装的 322. 69kWp 光伏系统所发电量，以及 200kW/400kW · h 储能系统充分放电量均可实现自发自用完全消纳。

2.2 技术路线

本项目建设项目分为能源网、管理网、服务网三部分。

(1) 能源网

1）智慧绿能。

屋面光伏：屋面光伏部分包括大楼屋顶(主楼和裙楼)屋面。选择安装单片容量为450Wp的双面单晶半片组件，其中大楼屋面安装288块组件。

地面光伏：本项目为入口岗亭、园区车棚铺设分布式光伏，兼顾景观设计。

零碳岗亭：现有门卫岗亭，面积为2.5m^2左右，岗亭屋面采用单晶掺镓彩色硅片，共采用6块340Wp光伏组件，能源自给自足，实现近零能耗、智能化控制。

光伏车棚：园区车棚采用方形顶部造型、线性光带，车棚顶部采用N型单晶电池，每个车棚共采用15块340Wp光伏组件，共60块光伏组件。

BIPV幕墙：将原建筑物南立面玻璃幕墙进行局部改造，采用不透光的太阳能光伏组件对太阳辐射进行转换及利用，安装面积约1116m^2。

微风风机：本期项目在总部大楼绿地安装3台微风风机。3台风机年平均发电量约2400kW·h，年平均有效发电时长为800h。该项目所发电量自发自用。

2）智慧储能。

储能系统主要设备：本项目选用磷酸铁锂电池作为储能系统电池。整个储能系统由2个独立的储能单元组成，共用一套液冷循环控制系统和协调控制系统，总容量为200kW/400kW·h接入1号变压器对应的低压段。在交流接线区域每个储能单元都是独立引出的，可以直接将外部交流电缆一一对应接入每个输出开关。

3）智慧节能。

配电分项分层计量方案：变电所内6台变压器，分别承担国家电投集团、茅台集团公用设备的配电，对6个低压总进线回路和部分出线回路(国家电投集团与茅台交叉部分)配置智能电力终端，实现用能的总计量和分户总计量，在楼层强电间的照明控制柜内和动力控制柜内各安装一块多功能电力监控终端。

用水计量监测方案：配置远传智能水表，实现用水计量监测。

空调冷热量计量监测方案：冷热站两台分水器对应总管路加装空调冷热量表，计量冷热站制备的冷热量数据，便于统计计算冷热量使用情况。

空调系统智能化改造：本次改造对冷水机组配置通信接口，接入智慧能源管理系统，通过智慧能源管理系统，对冷水机组进行集中监视、展示。

冷热平衡(风机盘管)改造：在大楼第1~22层采用基于LonWorks控制网络技术的风机盘管智能控制器。通过改进，预计年总节能量为10万kW·h。

新风系统改造：目前，1#楼各楼层均设有新风换气机。新风换气机可接入控制系统，进行智能调控，实现新风温度的精确控制。

多联机空调系统群控改造：本项目对大楼的第23～29层多联机空调系统进行改造，实现智能个性化管理控制。改造后，年预计节约电量10万kW·h。

节能灯具更换：大楼地面各楼层灯带采用的多数仍是普通T5及T8日光灯管，该部分更换LED灯的节能空间较大，灯具更换后节能量至少达40%。

会议室智慧照明系统改造：在办公楼内选择2个会议室部署智能触摸屏和会议控制终端，采用会议智能化监控系统。改造后，年均节约照明电量约40万kW·h。

4）智慧应用。

智慧路灯系统：本期工程在总部大楼园区入口旁和车库入口旁等人员出入较大的路口和人员容易触及的地方布置2套直流智慧路灯。

直流汽车充电桩系统：在本期光伏车棚区域新增2台60kW快充，2台7kW交流慢充充电桩。

5）综合智慧能源管控平台。

智慧能源部分作为智慧楼宇建设的子系统，其监控系统采用国家电投集团自主开发的“天枢一号”能源管控平台，如图1所示。

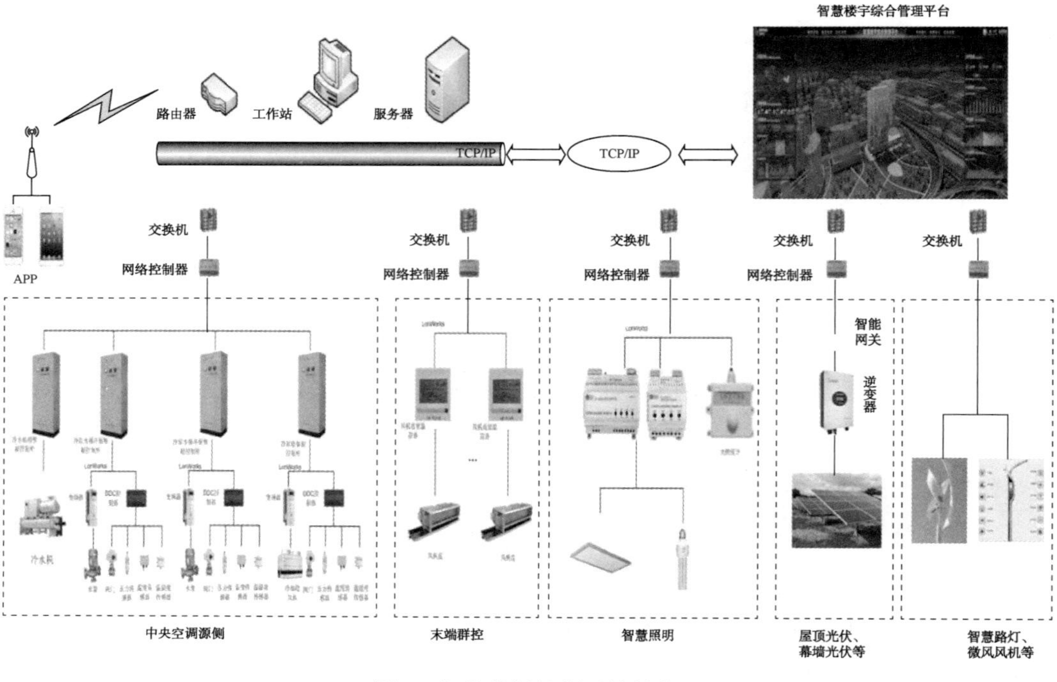

图1 智慧能源控制系统结构

（2）管理网

智慧楼宇综合管控平台：实现大楼内部人员、安防、设备及各类管理子系统的集约化、智慧化管理。

智慧楼宇 BIM 系统：旨在集成各种“感知”系统和物联网数据，在单一系统间实现互联，满足智能运维需求(可视、可查、汇聚)，增强整体信息掌控力。

智慧楼宇物联管控平台：主要实现底层各子系统的集成，包括平台的标准化设计、平台软件开发及部署实施。

智慧管理工程：建设智慧通行、视频监控、智慧会议、监控系统、资产管理系统、智慧运维系统及智慧体验，实现整个大楼的智慧化管理，提升运营效率。

（3）服务网

智慧餐厅：在餐厅加装计数摄像机、高清摄像机、人脸支付机、智能取餐柜等设备，将餐厅数据信息与企业微信小程序互联互通。

智慧购物：针对员工购物需求，配备智能取物柜实现预约购物、自助提取。

智慧预约：针对员工便捷服务预约需求，在服务点增设预约服务设备、人脸支付设备，实现智慧预约、智慧支付、智慧提醒等功能，减少员工排队等待情况。

智慧通行：智慧通行与大楼出入口门禁系统结合，在前台部署 2 台人脸访客管理机，实现对临时访客、预约访客的信息管理，并管控访客的进出区域。

2.3 装机方案

屋顶光伏占地面积约 1250m^2，幕墙光伏面积约为 1116m^2，屋面光伏容量为 129.6kW，首年发电量为 11.47 万 kW·h，年均发电量为 10.62 万 kW·h。幕墙光伏容量 170.65kW，首年发电量 13.4 万 kW·h，年均发电量 12.68 万 kW·h。微风风机容量 3kW，首年发电量 0.24 万 kW·h，年均发电量 0.24 万 kW·h。

智慧冷暖：对 973 个空调末端实施智慧化改造，实现远程集中启停控制、温度预设。

智慧照明：办公场所灯具全部更换为节能 LED 灯，部署智能照明控制平台，实现集中控制预计年节电量为 60 万 kW·h。

本项目建成后，总部大楼的光伏及风电清洁能源每年自发电力占大楼总用电量的 7%。在春秋季等非供冷/暖日的白天，1#楼办公及照明用电可完全实现由光伏+储能供给。

3 用户服务模式

3.1 用户需求分析

空调与照明系统能耗水平有降低空间：按照北京市绿色建筑评价标准，建筑能耗水平仍存在一定的降低空间。

建筑设备控制智能化程度不够：大楼空调、照明系统设备处在人工运行状态，缺乏环境因素互动的手段，无法实现智能控制。

楼宇环境舒适度体验较差，有待提高：大楼冬季供暖和夏季供冷均存在明显的阴阳面冷热不均的情况，不能保证建筑内部均衡的冷热环境。

3.2 服务模式

本项目由能源网集团负责投资并运营，管理网、服务网由国家电投总部投资并负责运营，同时为能源网提供所需数据。

3.3 商务模式

智慧能源部分由国家电投集团北京电力有限公司投资建设，与国家电投集团公司签署用能协议，汽车充电桩服务按照电价+服务费的方式来收取。充电桩服务费营业收入=充电量×服务费。智慧管理、智慧服务部分由国家电投集团公司自行投资，不涉及商务模式。

4 效益分析

4.1 经济效益

对本项目进行财务评价得出：投资回收期为13.92年。

4.2 环境效益

通过分析国家电报总部大楼内的照明、供冷及供暖现状，建设智慧照明、智慧冷暖系统，实现节能约60万kW·h。对于优化能源战略、改善电源结构、节能减排、提高环境质量非常有利。建设本项目可以减少化石资源的消耗，有利于缓解环境保护压力，实现经济与环境的协调发展，项目节能和环保效益显著。

宝之谷国际会议中心综合智慧能源示范项目 案例 17

1 项目概况

宝之谷国际会议中心位于北京市昌平区十三陵镇北新村东侧，占地面积约 154 亩，建筑面积约 4.2 万 m^2。会议中心南侧为水库环湖路，东侧为北京国际高尔夫球场，西部、北部均为自然山脉。

宝之谷国际会议中心由凯莱国际酒店集团管理，主要承担大型会议、培训、住宿等业务。宝之谷会议中心共有八栋建筑物，1 号楼为会议中心，2 号楼为餐饮楼，3 号楼为多功能厅，4 号楼为设备站，5~8 号楼为客房及办公楼。

目前，宝之谷国际会议中心主要以电能和天然气能源为主，并建设了少量屋顶光伏发电系统。整体能效较低，供能成本较高。且会议中心进线电源为 1 路，供电可靠性较差。整个园区运营管理自动化程度较低。项目园区用能主要存在问题如下：

1）用电安全可靠性差，用电成本高；

2）能效低，供能成本高；

3）节能减排压力大；

4）运营管理自动化程度低。

上述问题与我国构建清洁低碳安全高效能源体系的总体要求不符，亟需对园区用能方案进行优化。

2 能源供应方案

根据示范项目的建设要求，本项目以“零碳、智慧、经济”为建设目标，以“先进性、示范性、高效性、资源化利用”为建设指导思想，通过电气化实现供能零碳排放，构建涵盖综合能源管控、智慧优化调度等内容的智慧园区，通过储热(冷)和蓄电等手段大幅降低用能成本，充分利用污水源、太阳能等可再生能源，提升资源利用水平，集成电蓄能、高效水储能、空气源热泵、污水源热泵、光伏、V2G、智慧路灯等先进技术、产品和系统集成理念，充分体现综合智慧能源的示范性，打造具有国内影响力的综合智慧能源示范项目。本项目总布置遵循充分利旧，最大化维持延续原有建筑风格、隐蔽布置的原则，将新增和原有供能设备集中化布置，其中会议中心屋顶设备布置，如图1所示。

图1　宝之谷会议中心屋顶设备布置图

（1）总平面布置

利用原有4号地下设备房内拆除的燃气锅炉空间，布置本项目新增的电锅炉，在园区隐蔽地带布置新增的空气源热泵机组、储热水罐、蓄电池等，便于供能设施的集中管理。空气源热泵、储热水罐等设备与景观融合于一体，与周围建筑和设施协调。总布置不占用现有燃气储配站场地，保证施工期间宝之谷会议中心正常供暖，同时能保证施工区域远离危险源。

（2）冷热源系统

本项目冷热源系统改造，拆除地下设备房内的原有三台燃气锅炉，在拆除后的场地上布置新建设的1套热水箱、2台电锅炉及附属系统。新建设空气源热泵机组共22台，布置于3号楼顶，新建冷热水管道联系空气源热泵区域与4号地下设备房。

（3）储冷储热设施

新建设一套储冷热水罐，布置于8号楼西北侧，3号楼北侧的三角地带。

（4）储能电池系统

新建钠盐电池集装箱两组、铁铬液流电池集装箱一组，与变压器毗邻以尽量减少电缆敷设。其中一组磷酸铁锂电池集装箱与一组铁铬液流电池集装箱布置在8号楼西北侧，3号楼北侧的三角地带，毗邻蓄能罐北侧，一组钠盐电池集装箱布置在燃气储配站东侧的空地上。

(5) 光伏及充电桩

利用宝之谷会议中心 8 号楼屋顶空余区域扩建分布式光伏(100kWp)，在宝之谷会议中心大客车停车区建设光伏车棚(60kWp)、V2G 充电桩等。

(6) 垂直轴风力发电机

在 8 号楼屋顶上布置 2 台垂直轴风力发电机。

(7) 智慧路灯

在宝之谷会议中心停车场区域及 8 号楼东侧各布置智慧路灯一盏。

3 用户服务模式

采用合同能源管理模式，供冷、供热按照面积进行结算，总面积为 4.2 万 m^2，为园区提供全流程一体化的供电、供冷、供热等综合能源集成服务，优化分散式值班监管场所，提高能源设备设施安全可靠性，提升园区用能体验。

远大能源湖南妇女儿童医院综合智慧能源项目 案例18

1 项目概况

1.1 项目背景

湖南妇女儿童医院是一家以“打造中国最好的妇女儿童医院”为目标，高起点建设、高质量运营、高水平服务的三级妇女儿童专科医院如图1所示。医院位于长沙湘江新区洋湖板块，占地130亩，规划总建筑面积$4.0×10^5m^2$，一期建筑面积$1.5×10^5m^2$，床位1500张，包含医疗综合楼以及后勤综合楼，医疗综合楼含地下建筑2层，门诊大楼4层，住院塔楼15层。医院采取能源中心设计、投资、建设及运营于一体的商务模式。全院采用远大非电空调2台、节电空调2台、蒸汽锅炉2台以及1套1MW发电机-余热机成套机组，以满足电、冷、热(含热水)及蒸汽需求。

图1 湖南妇女儿童医院图

根据医院设计用能特点及定位要求，分布式能源站由远大能源利用管理有限公司(简称远大公司)投资、设计、施工、运营，为医院一期提供冷、热(含卫生热水)、电三联供及蒸汽供能服务。能源站机房独立设置，位于医院西北角地下室内。机房配置1MW 进口燃气内燃式发电机，为医院提供部分电力供应，同时与远大吸收式溴化锂余热机组匹配完成燃气发电机的余热利用，实现能源的梯级利用。

湖南妇女儿童医院分布式能源系统符合国家节能减排的要求，符合国家能源发展规划，符合节能减排综合示范城市要求，能实现项目健康、持续发展，符合环保要求，具有较好的经济效益、环境效益和社会效益，对湖南的医用天然气分布式能源系统有示范和推动作用。

1.2 项目进展情况

湖南妇女儿童医院项目是远大公司在湖南地区最大的分布式能源中心，是远大公司在湖南地区首个投资逾 3000 万元的大型分布式能源项目。项目采用多能互补型能源系统形式，最大限度地保障医院供能。2019 年 3 月，项目开始实质性的工程建设，2020 年 1 月投入冬季防冻运行，2021 年，完成燃气内燃发电机的并网调试。项目“高起点、高标准、严要求”，为争创“湖南省建设工程芙蓉奖”，打造又一标杆工程。

2 能源供应方案

2.1 负荷特点

本项目夏季制冷期为 5 月 1 日至 10 月 15 日，采暖期为 11 月 15 日至次年 3 月 31 日，医院全年具有卫生热水需求。项目实际运行情况因气候差异，日冷热负荷需求存在一定差异，用电负荷如不考虑能源站季节用电的变化则全年差异变化相对较小。分析本项目典型日电负荷、制冷负荷、制热负荷、卫生热水负荷分布图如图 2~图 5 所示。

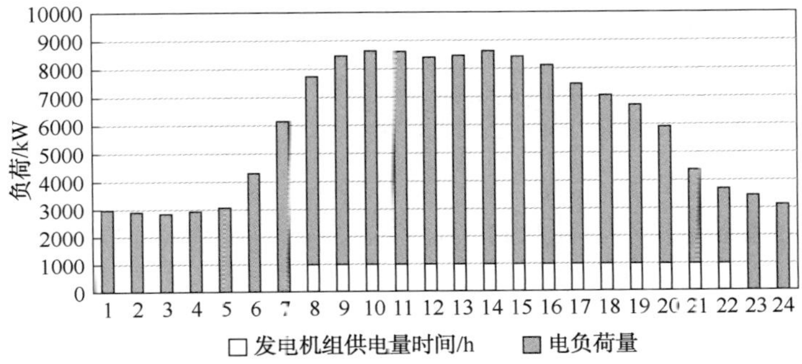

图 2　典型日电负荷分布图

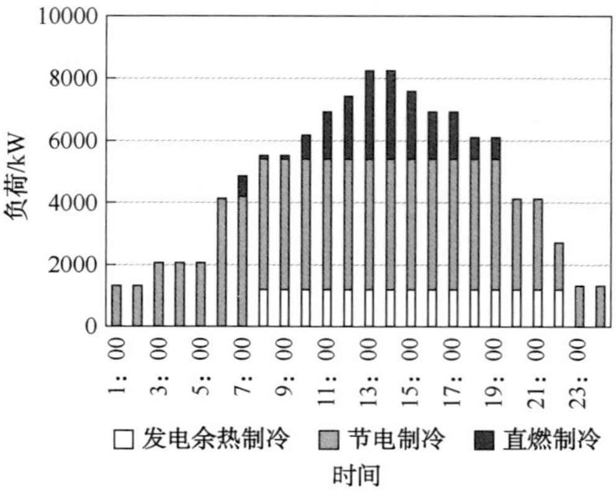

（a）5月典型日制冷负荷分布图

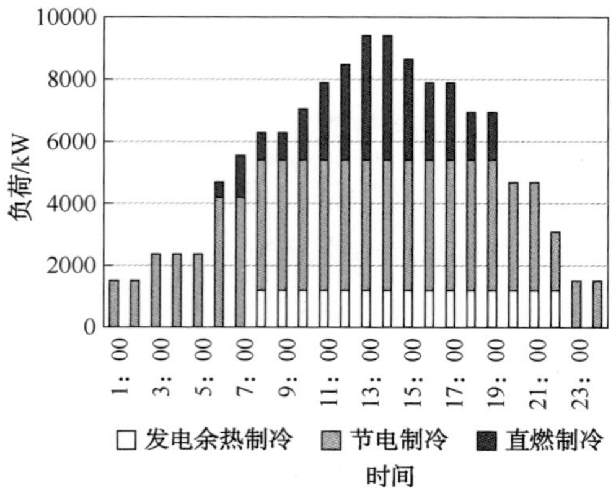

（b）6月典型日制冷负荷分布图

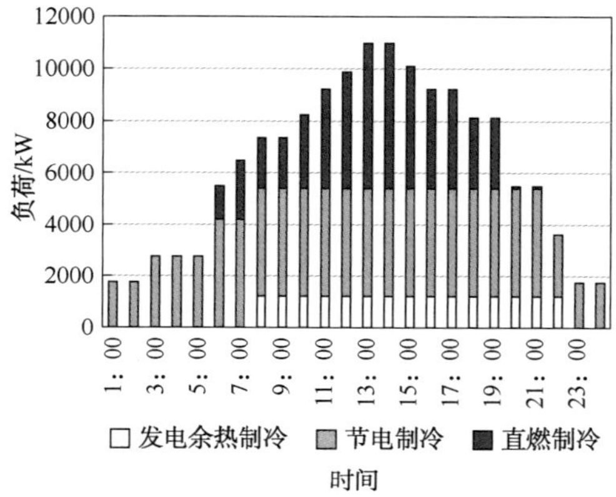

（c）7月典型日制冷负荷分布图

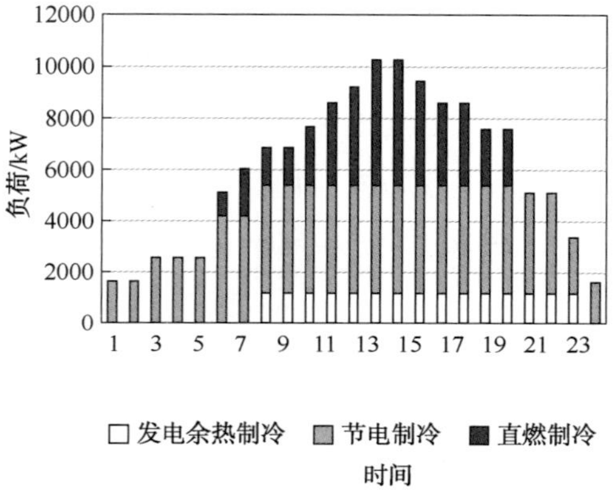

（d）8月典型日制冷负荷分布图

图3 5~8月典型日制冷运行策略图

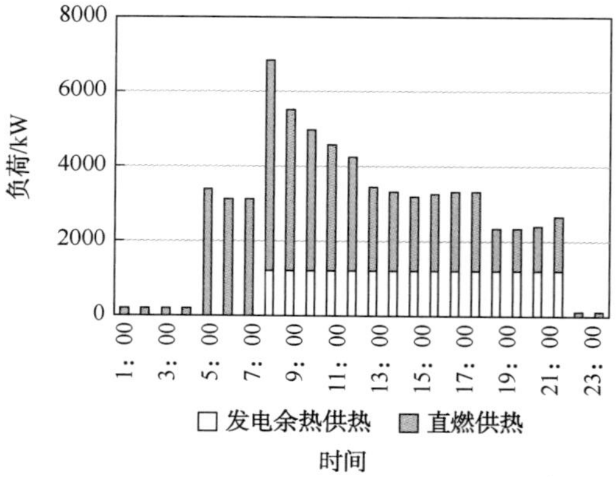

（a）12月典型日供热负荷分布图

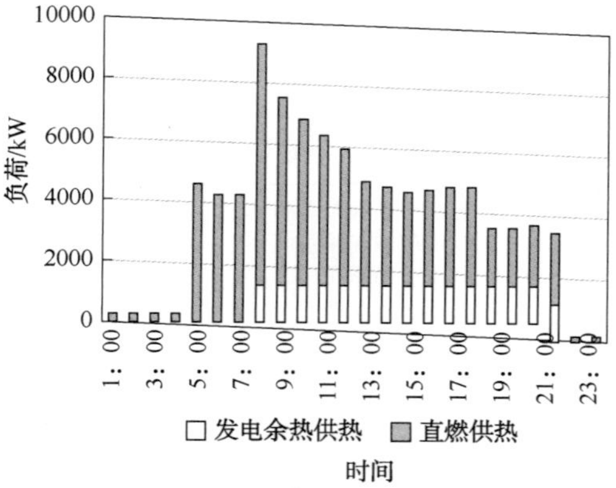

（b）1月典型日供热负荷分布图

图4 12~3月典型日供热运行策略图

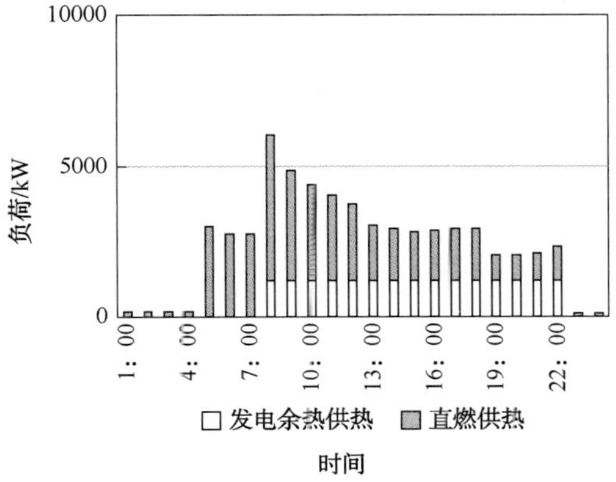

（c）2月典型日供热负荷分布图

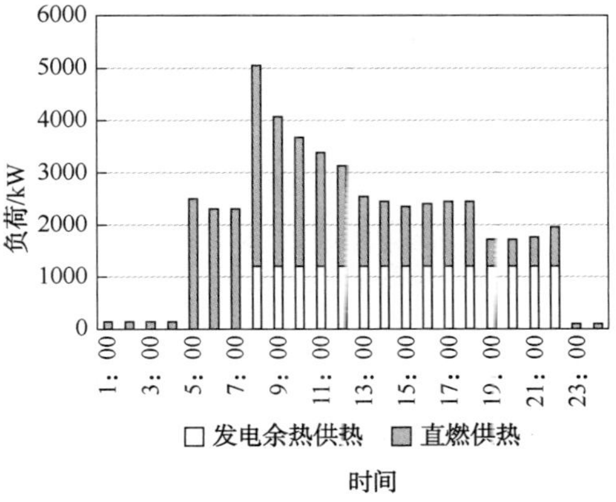

（d）3月典型日供热负荷分布图

图4 12~3月典型日供热运行策略图(续)

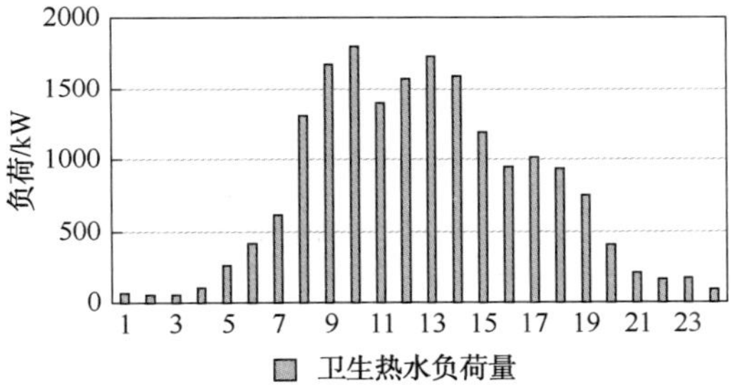

图5 典型日卫生热水负荷曲线图

2.2 技术路线

本项目能源站采用“远大双模技术+天然气分布式冷、热、电三联供技术”，能源站设计一套CHP燃气冷热电成套产品BCHP-1000/125装置，配置1台磁悬浮离心式冷水机组C360(制冷量为4200kW)、1台磁悬浮离心式冷水机组C420(制冷量为4885kW)、1台溴化锂直燃机BZ400-H3(制冷量为4652kW；制热量为5739kW；卫热量为1600kW)、1台单热型直燃机BZR320(制热量为3722kW；卫热量为1600kW)、1台1000kW燃气发电机(发电量为1000kW)+1台烟气余热机BHEY125(制冷量为1244kW；供热量为1090kW)、2台1t蒸汽锅炉及1套智能控制系统。

(1) 天然气分布式冷、热、电三联供技术

天然气CHP冷热电三联供技术是指利用天然气为主要燃料，通过冷、热、电三联供等方式实现能源的梯级利用，综合能源利用效率达到70%以上，并在负荷中心就近实现能源供应的现代能源供应方式，是天然气高效利用重要方式之一如图6所示。

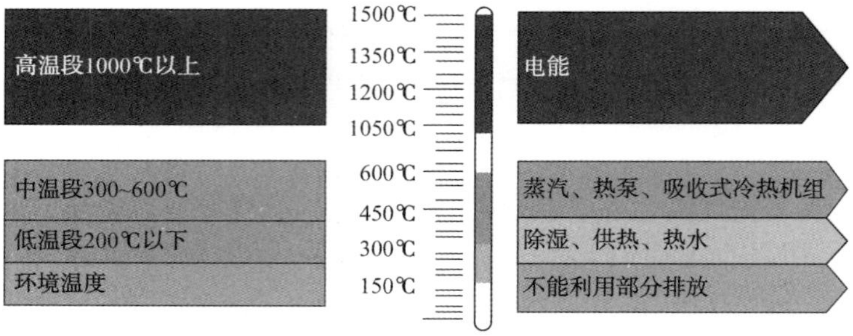

图 6　天然气 CHP 冷热三电联供技术梯级利用原理图

能源利用按照“温度对口、高能高用、低能低用”的原则，天然气燃烧后产生的高温烟气先用于发电、产生高品位的电能，低温余热再用于生产、建筑供热和空调等如图 7 所示。

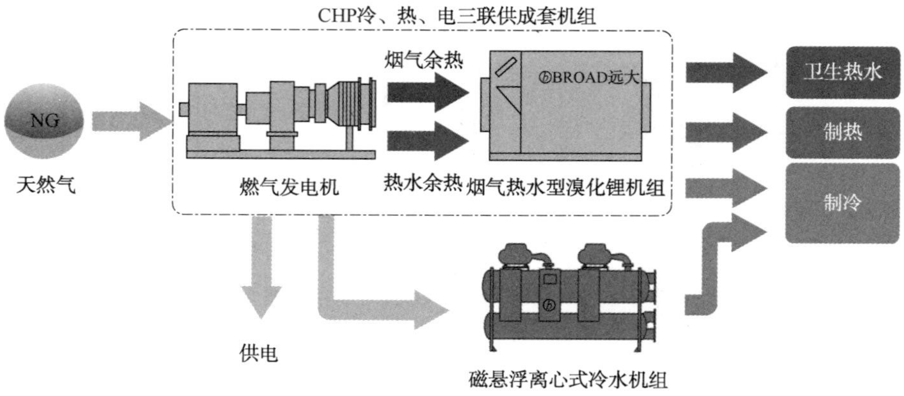

图 7　CHP 冷、热、电三联供系统示意图

制冷工艺流程：天然气进入燃气发电机组燃烧发电，发电机发出的电能优先供应给能源站内设备使用，多出的电能可供应至其他区域使用，发电产生 440℃左右的烟气进入烟气热水型溴化锂机组的高温发生器，作为高发热源直接供冷。同时，利用溴化锂机组出口烟气的余热，用于回收生产卫生热水，进一步提高系统的经济性。燃气发电机组约 90℃的高温缸套水进入烟气热水型溴化锂机组的低温发生器，作为溴冷机的低发热源直接供冷。

制热工艺流程：天然气进入燃气发电机组燃烧发电，发电机发出的电能优先供应给能源站内设备使用，多出的电能可供应至其他区域使用，产生 440℃左右的烟气进入烟气热水型溴化锂机组的高温发生器，作为高发热源直接供热。同时，利用溴化锂机组出口烟气的余热，用于回收生产卫生热水，进一步提高系统的经济性。燃气组发电机约 90℃的高温缸套水通过换热器与部分温水回水进行换热，温水流量可通过换热器温水侧电动调节阀根据温水出口温度进行调节，保证 60℃的温水供水温度。

CHP 冷、热、电三联供系统能耗监控平台运行示意图如图 8 所示。

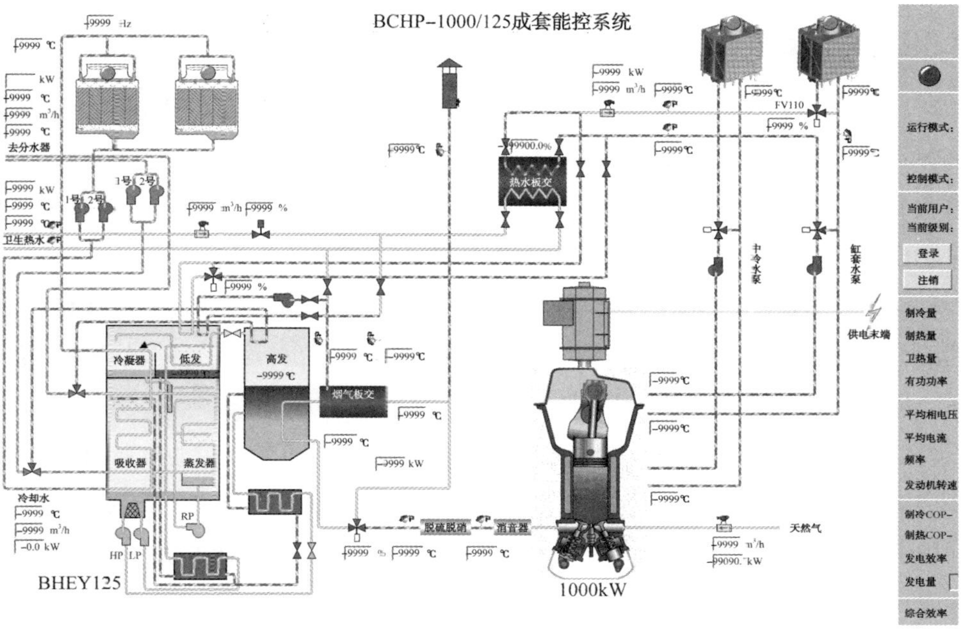

图 8　CHP 冷、热、电三联供系统能耗监控平台运行示意图

（2）“节电+直燃”双模技术

“节电+直燃”双模技术示意图如图 9 所示。溴化锂冷(温)水机组和磁悬浮冷水机组采用并联连接，溴化锂冷(温)水机组或磁悬浮冷水机组的出水口经管道连接末端设备，为末端设备提供冷水或热水，末端设备经输配系统将冷水或热水连接到溴化锂冷(温)水机组和磁悬浮离心机组的回水口。

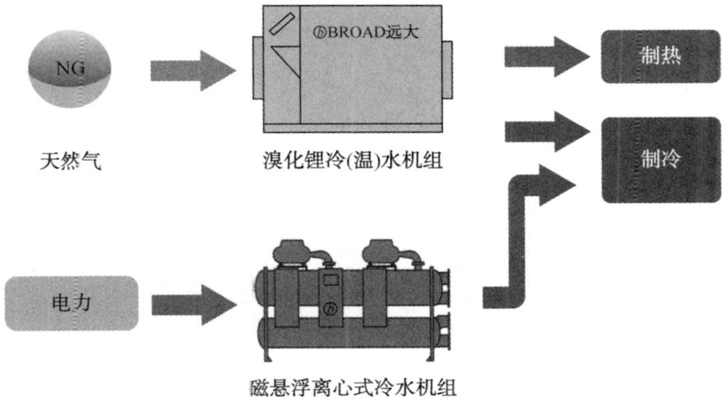

图 9　“节电+直燃”双模技术示意图

技术特点及优势：

1）双模技术既可制冷又同时可制热及提供卫生热水，且溴化锂冷(温)机组可一机三用。相较传统模式，在提升季节性用能功能的同时，还可减少能源站占地面积，降低设计、施工难度等。

2）采用双模技术，对城市能源季节性的平衡能起到一定的积极作用。一般来说，城市中夏季用电量大，而燃气、燃油用量少，燃气、电价格都会存在季节性价差。采用双模技术可以减少夏季电耗量，增加燃气耗量，平衡能源用量，缓解季节性能源压力，同时能够很好地利用季节性能源价格红利，降低运行费用。

3）双模技术因采用燃气与电两种能源利用形式，在供冷季节，可确保整个空调系统的运行稳定性；当某种单一能源不能保证时，可进行互补运转，满足基本用能需求，提高冷热供应的舒适性及用能可靠性。

4）双模系统运行时，可针对能源价格浮动，来灵活调节系统的运行方式，以达到移峰填谷、降低运行费用等相关目的。当采用电制冷的制冷单价优于燃气制冷时，可优先利用磁悬浮离心机组承担基础负荷，采用燃气调峰；当价格相反时则反之，经济性调适能力较好。

5）双模系统运行时，可适应不同建筑功能、不同建筑规模或多建筑业态组合的系统运行，根据项目实际冷热负荷需求大小灵活调节设备运行负荷率，充分发挥磁悬浮离心机组低负荷率运行的高 COP 和溴化锂冷(温)机组高负荷调节能力的特点。

6）溴化锂吸收式制冷技术制取的冷水水温不能过低，而磁悬浮离心机组可灵活调节其制冷温度，可根据项目实际需求进行二者的高效搭配，以满足不同工况、不同工艺的冷水需求，可满足温湿度独立控制空调末端系统、工艺空调等对不同冷水温度的需求，拓宽冷水温度供应范围，提高部分负荷系统效率。

2.3 装机方案

本项目装机方案见表 1。

表 1 装机方案表

项目	名称	型号	技术参数	单位	数量
1	发电机余热机成套	BCHP-1000/125	额定发电量：1.0MW； 烟气热水余热机输配一体化	套	1
2	磁悬浮离心机	C360	额定制冷量：4200kW	台	1

续表

项目	名称	型号	技术参数	单位	数量
3	磁悬浮离心机	C420	额定制冷量：4885kW	台	1
4	直燃机	BZ400-H4	额定制冷量：4652kW； 额定制热量：5739kW； 卫生热水制热量：1600kW	台	1
5	单热直燃机	BZR320	额定制热量：3722kW； 卫生热水制热量：1600kW	台	1
6	冷凝蒸汽锅炉	—	额定蒸发量：1t/h	台	2

3 用户服务模式

3.1 用户需求分析

（1）综合能源供应方式

在传统能源向现代能源转型的过程中，基于气、电双能源的燃气分布式能源是更清洁、高效的用能方式，本项目将作为行业标杆引领绿色智慧能源的发展，深度优化用户侧能源结构。本项目发挥了远大公司制造技术方面的独特优势，将1套燃气分布式能源成套装置(1MW发电功率)、1台非电空调、2台节电空调、1台单热型直燃机以及一体化输配系统整合成标准化集成产品，使用能控系统集中管理，遵循“余热优先，宜气则气，宜电则电”原则，实现了高效用能、智慧管理和清洁供能，为医院不间断提供冷暖空调、热水、蒸汽以及电力。

（2）能效监控平台

由远大自主研发的能效监控系统，通过数据采集、主机运行监控、系统能效分析、系统故障及能耗预警等功能对中央空调系统实行多期机房集中管理、自动优化运行，可实现系统流程的三维动态可视化，提升机房管理水平，最终实现机房无人化管理。

（3）输配系统

所有区域水系统均采用二管制系统，洁净区配置1套热泵机组在过渡季节可单独供应。冷温水系统采用二次泵分区变流量供应，分门诊A、门诊B、洁净区、非洁净区、医疗街、后勤楼六个功能区，一次泵为4台立式离心水泵，由能效监控平台根据运行工况自动选择水泵运行。各功能区配置工频、变频立式离心水泵各1台，流量与用户端匹配，由于各个功能区的使用需求不同，每个空调水回路均设置温度、压力传感器，由能效监控平台根据压力、温差调整二次泵运行工况，以达到节能的目的。

3.2 政策依据

政策依据财政部、国家发展改革委发布的GB/T 24915—2020《合同能源管理技术通则》《节能项目节能量审核指南》《节能量确定和监测方法》、DB43T 612—2021《湖南省地方标准医疗机构能耗定额》、GB 17167—2006《用能单位能源计量器具配备和管理通则》、GB/T 28750—2012《节能量测量和验证技术通则》、GB 50189—2015《公共建筑节能设计标准》、GB 24500—2020《工业锅炉能效限定值及能效等级》，相关国家标准、行业标准及设备标准等。

3.3 服务模式

湖南妇女儿童医院项目涉及的用能方式有4种，分别为空调制冷，为整个院区提供空调制冷服务；冬季取暖，为整个院区提供暖气服务；卫生热水，为六个功能区提供热水服务；蒸汽，为整个院区提供蒸汽服务。

4 效益分析

4.1 经济效益

项目总投资为3322万元，项目运营合同为15年，预计投资回收期为9年左右。

项目运行主要技术参数指标(2021年)见表2。

表2 主要技术参数表

项目	指标	单位	数据	节能数据
	制冷量	MW·h	7844.5	
	采暖量	MW·h	6107.2	
	卫生热水热量	MW·h	5634.5	
基准值	天然气消耗量	m^3	1257500	折合标准煤1978.5t
	电力消耗量	MW·h	2490.3	

续表

项目	指标	单位	数据	节能数据
实际值	天然气消耗量	m^3	786900	折合标准煤 1325. 1t
	电力消耗量	MW·h	2266. 4	
节能量	653. 4t			
节能率	33%			

2021 年，项目实际使用的能源有天然气和电力两种，消耗量如下：

2021 年天然气实际消耗 7.8685×10^5 m^3，2021 年，实际消耗电力 2.266412×10^6kW·h。

以传统的医院能源共应为基准的节能量：

天然气消费量为 $1.2575\times10^6m^3$，电力的消费量为 2490. 3MW·h，折合标准煤 1978. 5t。其中，天然气折标煤系数为 1.33×10^{-3}tEC/m^3，电力的折标煤系数为 0. 1229tEC/MW·h。

$1.2575\times10^6m^3\times1.33\times10^{-3}$tEC/$m^3$+2490. 3MW·h×0. 1229tEC/MW·h=1978. 5tEC。

2021 年，合同能源管理项目的分布式能源系统实际消耗天然气 $7.869\times10^5m^3$，实际消耗电力 2266. 4MW·h，折合标准煤 1325. 1t。

$7.869\times10^5m^3\times0.00133$tEC/$m^3$+2266. 4MW·h×0. 1229tEC/MW·h=1325. 1tEC

1978. 5tEC−1325. 1tEC=653. 4tEC

年综合节能量为 653. 4tEC。

根据天然气和电力的折标煤系数（当量值）加权平均计算综合节能率，综合节能率为 33%。

4. 2 环境效益

本项目节能减排显著，年节省能源折合 653. 4tEC，年减排二氧化碳 1712t，相当于种树 9. 35 万棵；优化城市能源结构，平衡电力、燃气、热力峰谷差，削峰填谷，保障夏季城市供电安全，缓解冬季供气压力。

因为燃气分布式能源的一次能源利用效率很高，与各冷、热、电分别供应的传统方式相比可节能 25%以上，相应减少了二氧化碳排放量。

4. 3 社会效益

冷热电联供分布式能源是一种对建筑用电、用冷、用热等多种需求提供整体解决的方案，充分利用能源品位，避免了传统的供需直接对应方案造成的多种浪费，是一种优秀的按质梯级用能系统，将能量“吃干榨尽”，是最优秀的分布式能源系统。

与大电网构成互补关系，优化城市整体的能源供需结构，削减常规用能构成的尖峰负荷冲击；提高能源系统的安全性。即使大电网崩溃，依然能保证局部能源系统正常运行，避免全面瘫痪。

据统计，一些大中型城市空调电力负荷已占城市电力高峰负荷的50%以上，而全年消耗的电量仅占总电量的6%，直接导致电网运行的不均匀情况日趋严重。对于大多数城市来说，燃气使用的高峰出现在冬季，夏季最低。以北京为例，目前50%以上的天然气用于冬季采暖，夏季天然气最大日使用量仅约为冬季的1/10，造成夏季天然气管网的利用率极低，还需设法储存。

采用冷、热、电三联供系统，夏季空调负荷利用发电余热，可大幅削减电力高峰，并增加了夏季天然气的消耗，填补燃气低谷；通过就近供电，在夏季为电力负荷高涨的电网减轻压力。

本项目通过对燃气分布式能源成套技术的研究、应用，让各自独立的组成单元实现整体协同，将国内燃气分布式能源成套技术水平和设计理念提升到一个较高水平，并会同政府与电力企业共同完成行业标准化的制定，将燃气分布式能源技术安全化、稳定化、成熟化。项目带来的经济和技术效应，将影响社会民众意识，形成节能减排和绿色生活的风潮，让更多的区域、场所使用燃气分布式能源，让更多的居民享受到技术革新带来的优质生活。性价比优质的燃气分布式能源成套系统让冷、热、电这种民生需求得以在医院、学校、图书馆等社会公共场所，全面覆盖，让社会公共服务水平上升一个层次。

5 创新点

结合医院用能使用特点，分布式能源冷、热、电三联供系统对医院供能具有以下优势：

（1）削峰填谷，能源使用灵活

针对医院冬夏季及过渡季的用能特点，分布式能源站燃气和电力的使用均有双重削峰填谷作用。电力高峰出现在夏季时，燃烧天然气发电和制冷，增加夏季的燃气使用量，减少夏季电空调的电负荷，与此同时，燃气发电产生的余热均可制冷或制热，可随用户末端用能情况切换工况。

（2）就近原则，能源利用便捷高效

能源站建设临近医院用能负荷中心，可发挥分布式能源系统供能优势，减少输电线路及管道输送距离，降低了能源输送的损耗，提高用能效率。另外，磁悬浮离心冷水机组在部分负荷下能效均有不同程度提升，亦可减少夏季用电负荷。

（3）双能源互为备用，安全可靠

分布式能源站设计时电力供应方面增加了一套自发电系统，在特殊情况下可以保证能源站及其他部分重要负荷供电。因此，可通过电力和燃气两种能源保障建筑能源供应，确保了用户的供电安全。同时，制冷设备既有燃气设备也有电空调设备，可互为备用。因此，采用冷热电联供系统既减少了能源站的用电容量，又减轻了电网的供电压力，提高了供能的可靠性。另外，分布式能源亦可作为非常时期的能源供应设施，增强城市的防灾能力。湖南妇女儿童医院分布式能源采用燃气、电双能源制冷、供热，能够减少对单一能源的依赖程度，在一定程度上缓解能源危机的扩大，能源站独立设置，不易受意外灾害或突发事件的影响，可以抵御市政临时停电的风险。

结合分布式能源梯级利用原理，同时满足医院一期全部空调负荷，能源站设计采用了 2 台磁悬浮离心冷水机组，1 台冷凝热回收式溴化锂直燃机及 1 台单热型直燃机，以满足医院全年空调冷、热及卫生热水的需求。另外，2 台小型蒸汽锅炉为医院特殊区域提供消毒蒸汽等供能。

绿能公司上海浦东前滩天然气分布式能源项目 案例19

1 项目概况

1.1 项目背景

上海浦东前滩天然气分布式能源项目(简称前滩项目)是上海电力股份有限公司(简称上海电力公司)为响应上海市 2013 年《政府工作报告》中提出的“完成城市最佳实践区改造项目，加快前滩地区基础设施和功能项目建设”要求，也是配合国家电力投资集团有限公司(简称集团公司)“加强综合智慧能源工作”战略，在黄浦江南延伸段前滩地区新建占地面积 6146.4m^2，以天然气为基础能源的冷、热、电联供的分布式能源系统。

图 1　前滩项目供能范围图

前滩项目总建筑面积 20608m^2，总供能面积约 1.66×10^6m^2(如图 1 所示)，为前滩各单体建筑集中提供全年 24 小时空调冷热源。项目建设单位是上海前滩新能源发展有限公司(简称前滩新能源公司)，它是由上海电力与前滩国际商务区投资(集团)有限公司(简称前滩投资公司)分别以 70%∶30%的比例共同出资设立。前滩新能源公司承担站内土建及设备等，投资约 6.6 亿元，合作方前滩投资承担供能管网、水、天然气接入。

1.2 项目进展情况

前滩项目于 2015 年 5 月开工建设，2017 年 4 月开始对外试供能，2019 年 7 月投产。截至 2022 年底，已有 17 个地块接入供能，总计接入建筑面积约 $1.29\times10^5\mathrm{m}^2$。

2 能源供应方案

2.1 负荷特点

前滩项目供能范围包括区域内的办公、商业建筑和部分酒店式公寓。依据供能面积、负荷需求计算及实际运行数据，前滩项目设计单位面积冷负荷指标为 $84.6\mathrm{W/m^2}$；单位面积热负荷指标为 $40.4\mathrm{W/m^2}$。根据全年负荷预测，区域规划全年供能量为 $2.2452\times10^8\mathrm{kW\cdot h}$。

前滩项目的全年空调逐时冷、热负荷如图 2、图 3 所示。图 4、图 5 分别为冷、热负荷延时曲线。夏季设计日逐时冷负荷和冬季设计日逐时热负荷如图 6、图 7 所示。

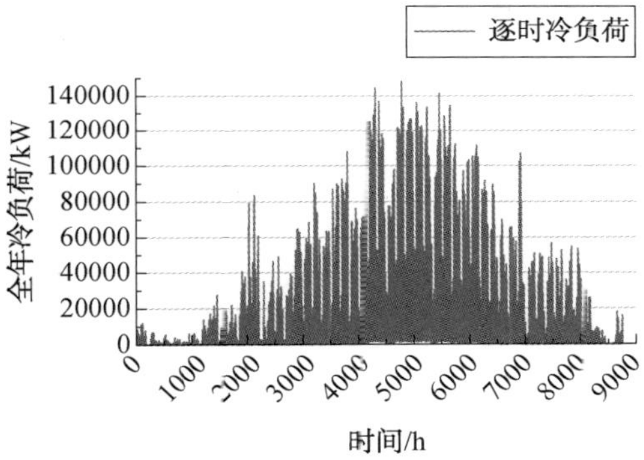

图 2　全年冷负荷

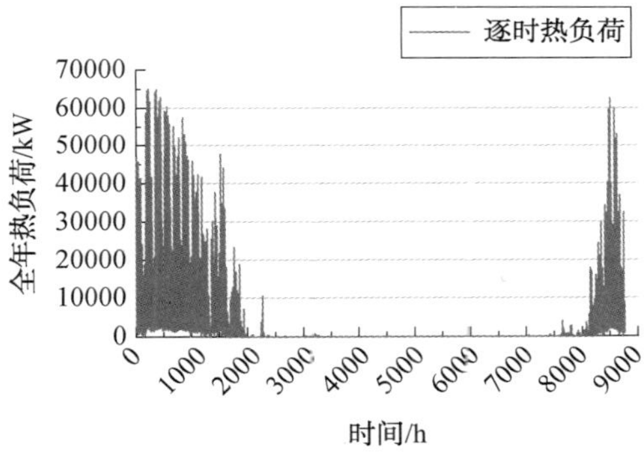

图 3　全年热负荷

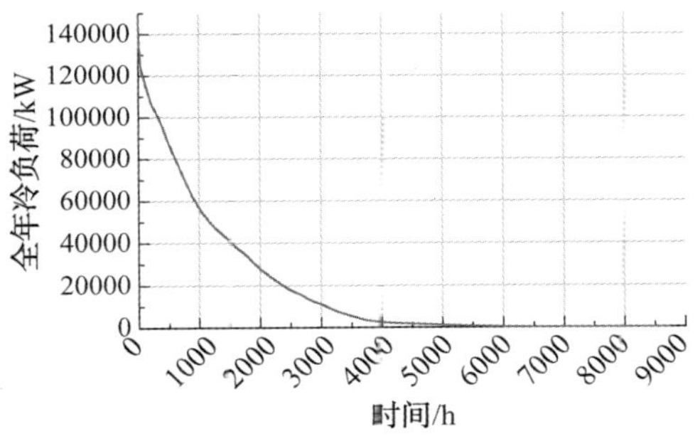

图 4　全年冷负荷延时曲线

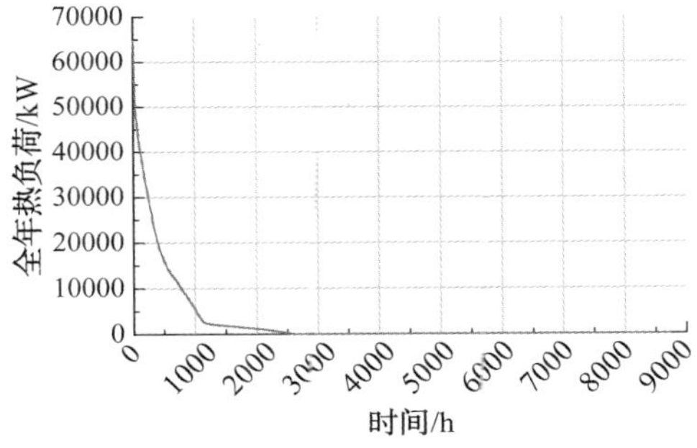

图 5　全年热负荷延时曲线

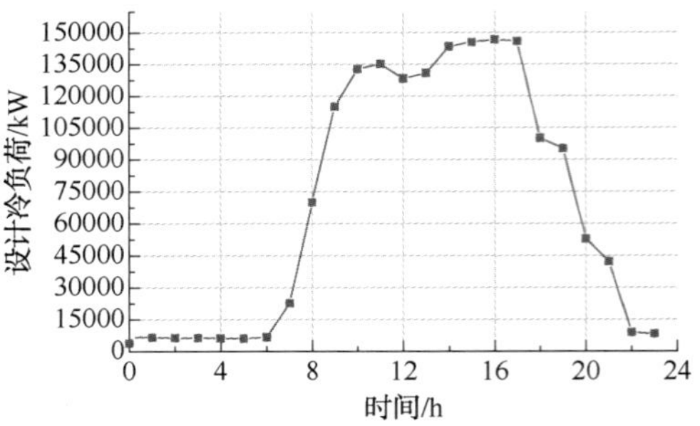

图 6　夏季设计日负荷

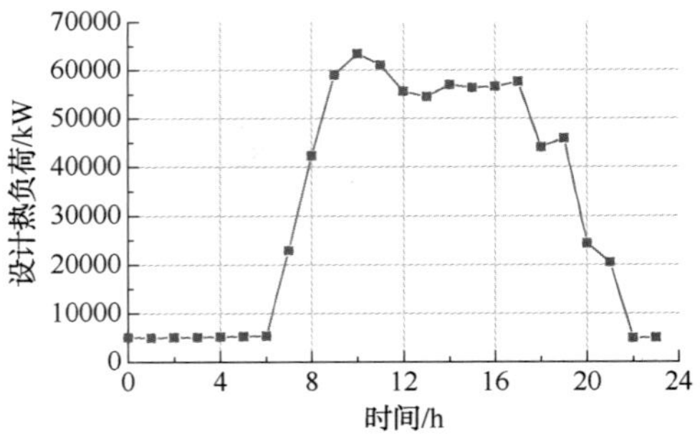

图 7　冬季设计日负荷

2.2　技术路线

前滩项目设计思路如下：

1）分布式供能以热定电，充分利用发电余热，确保分布式供能系统全年利用时间大于 2000h。分布式供能系统年平均能源综合利用率不小于 80%。

2）充分利用分布式供能系统蓄冷、蓄热，夏季辅以电动制冷机蓄冷，冬季辅以热泵蓄热如图 8 和图 9 所示。

3）分布式供能承担基本负荷，离心式冷冻机和热泵机组承担调节负荷，蓄能设备稳定末端负荷，确保分布式能源稳定运行。

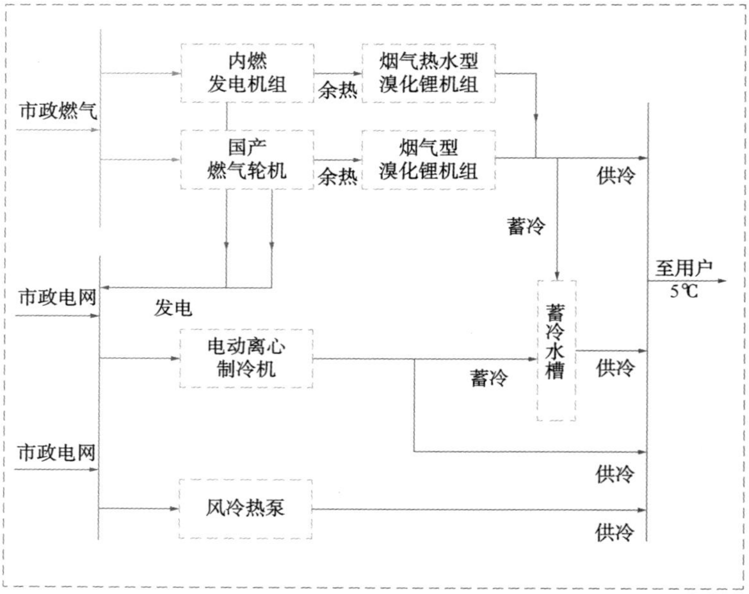

图 8　制冷原理图

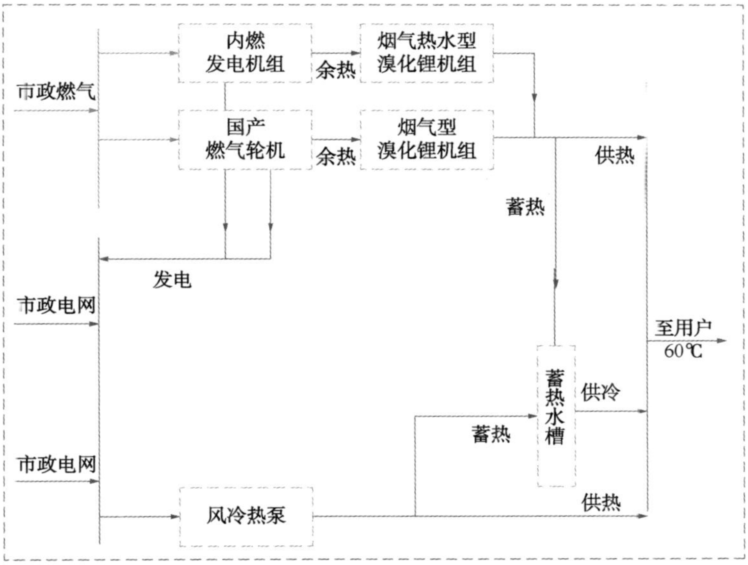

图 9　制热原理图

4）前滩能源站建设根据区域发展规划和开发进度，按照“一次规划、模块设计、阶梯建设”的原则，采用分期建设，保证设备配置既满足需要又不闲置，使设备利用率最大化，部分负荷时设备在高效区运转，紧跟开发节奏，减少无效投入。

5）制定合理的运行方式，综合考虑购电价、负荷特性曲线、机组效率特性，前滩项目系统运行策略考虑为：供冷方式优先考虑蓄能，供热方式优先考虑三联供。根据负荷增长情况对三联供机组供冷、热负荷及电制能机组供冷、热负荷进行系统匹配分析，选择合理比例，保证系统运行经济性提高能源综合利用效率。

2.3　装机方案

前滩项目于 2019 年 7 月正式转入生产阶段，已建设设备包括：天然气分布式供能系统 2×3203kW、冷水机组 3×2800RT（冷吨）、冷水（热泵）机组 2×1350RT、空气源热泵机组11×1135kW，以及 2×8000kW 电极锅炉，如图 10～图 15 所示。目前，前滩项目总制热能力为 42MW，日最大制热量 565MW · h；总制冷能力为 80MW，日最大制冷量 1100MW · h。

结合前滩项目 2022 年运行情况和 2023 年预计供能面积增长情况，已于 2023 年 3 月通过前滩项目供能增容及环保提升工程立项，计划在机房面积条件、总用电量、环保指标不突破的条件下，尽量提升前滩项目总体供冷供热能力，满足未来达产后用能需求。前滩项目供能增容及环保提升工程拟新增：直燃溴化锂机组 2×5000kW、冷水机组

3×3200RT、冷水机组 2×1350RT，改善冷却塔通风通流并同步实施环保提升工程。

图 10　燃气内燃机发电机组

图 11　配套烟气热水型溴化锂机组

图 12　离心式冷水机组

图 13　离心热泵机组

图 14　空气源热泵机组

图 15　钢制蓄能水槽

在实施供能增容及环保提升工程后，前滩项目尖峰供冷能力 140MW，全天供冷量为 1830MW·h；尖峰供热能力为 67MW，全天供热量为 834MW·h（电锅炉非高峰时段全天参与供热情况下），基本可满足达产 $1.66\times10^6 m^2$ 建筑冷热负荷需求。

3 用户服务模式

3.1 用户需求分析

能源用户为工商业用户，能源需求为空调冷热水。

3.2 服务模式

终端用户售冷售热价格是决定项目成败的关键因素。前滩项目创新性地建立了“两个不高于”原则，即“不高于用户自建投资成本，不高于用户自建运营成本”，并遵循制订了“两部制”收费模式。公司委托普华永道国际咨询公司，对上海地区楼宇的实际空调用能情况进行多次专项调研，编制了《用户自建能源站能源价格分析报告》和《上海前滩能源中心价格对标分析报告》，测算自建能源站的初始投资和运营的计量费用。在此基础上，公司与合作方通过谈判消除分歧达成共识，最终确定供能价格。项目供能价格主要由接入费和能量费两部分组成。“两部制”收费模式、基于“两个不高于”原则及聘请第三方国际机构测算收费标准是一次良好实践。

公司打造专业素质过硬的标准化客户服务队伍，树立“以客户为中心”的服务理念，从提高客户满意度出发，积极开展与客户的商务沟通对接、用能合同签署、常规用能计量和收费等工作。在日常运营中，与客户保持密切沟通，协调前滩各用能地块供回水温度，确保供能和用能可靠和顺利进行；密切跟踪和掌握客户楼层出租率增长情况，做好相关用能指标的分析工作；协调客户节假日期间以及平时加班加开空调的需求，确保供能服务到位。为满足客户的特殊需求，如企业天地一期客户冬天临时需要冷负荷，前滩项目积极响应，发挥主观能动力，在短时间内，给客户满意的答复；与客户交流用能体验，收集客户意见和建议等。

此外，公司建立定期评估、审核、反馈系统，加强客户服务，实现用户精准服务。在年度客户满意度调查和客户回访中，客户对前滩项目供能的可靠性、供能品质的稳定性、项目技术人员的能力、服务水平和服务的有效性都给予了很高的评价。在客户服务和投诉处理问题上，客户也充分认可绿能公司服务人员的态度、投诉反馈的及时性和问题纠正的有效性。

4 效益分析

4.1 经济效益

前滩项目已投资62322万元，供能增容及环保提升工程预计投资6854万元，项目总投资合计约69176万元。前滩项目在丰富客户用能体验，提高客户用能安全性、可靠性，为客户带来更有保障的能源服务的同时，也为客户带来实在的经济效益。一方面，由于客户无需自建供能系统，从而可节约设备机房面积和屋顶空间，直接增加客户的资产价值。如节约的空间可作为商业空间利用，则区域内客户每年预计增加房屋租赁收入6000万元以上。另一方面，无供能系统设备振动、噪音等影响，极大地优化了办公环境，提升了舒适度和体验感。

前滩项目供能价格遵循“两个不高于原则”，按相同供能规格估算，在自建投资方面，前滩项目集中管理，较好地发挥了规模效应，降低了区域内设备备用系数，为终端用户节约空调设备、变配电设备、电力增容费等投资约3.2亿元；在运维成本方面，每年可为客户节约300万元运维人员费用。

根据实际运营数据预测未来的情况，同时考虑接入面积、前滩项目供能增容及环保提升工程实施，进行项目全寿命的投资效益分析。预测2024年实现全部供能面积接入，2025年进入供能稳定期，供能稳定期的理想情况为达到100%的供能负荷，年均供能量为2.2452亿kW·h。经营期为2019~2043年，运营期为25年。项目全投资内部收益率为5.49%，资本金内部收益率为8.17%。

4.2 环境效益

前滩项目在降低区域总体能源消耗的同时，其温室气体排放量也将会有显著减少。经测算，与分散供电（按照2018年全国供电标煤耗为308EC/kW·h，网损为6%）、供热（锅炉效率取91.6%，网损为5%）、供冷相比，每年节能减排量见表1，相当于每年植树7975棵。

表1 节能减排表

指标	单位	数值
节省标煤	t/a	6053
减排二氧化碳	t/a	14622

续表

指标	单位	数值
节能率	%	35.6
减排率(二氧化碳)	%	40.3

4.3 社会效益

(1) 提升区域社会影响力

前滩地区打造低碳商务区有利于扩大社会影响力，在应对全球气候变化背景下提升上海的国际形象，充分展现上海发展低碳经济的态度和决心，从而对社会公众树立低碳理念起到示范宣传作用。

(2) 提升区域社会适应性

前滩项目有效降低了区域总体能源消耗，使前滩的建设和发展更容易得到国内外众多企业的认同和关注，也能很好地为当地的社会环境、人文条件所接纳。

5 创新点

(1) 多元供能，优势互补

前滩项目设计采用三联供系统、热泵系统、水蓄能、电动离心式冷水机组的多元供能方式。三联供系统根据以热定电的原则，充分利用发电余热，确保三联供系统全年利用时间大于2000h，年平均能源综合利用率不小于70%。充分利用峰谷电价政策，夏季在谷电时刻利用电动制冷机蓄冷，冬季在谷电时刻利用热泵蓄热，多套电制能机组管制运行，极大地丰富了运行方式的多样性，为后续节能经济运行带来了条件。

(2) 充分利用水蓄能优势

前滩项目引入蓄能环节后，可以实现需求侧管理，不仅更有效地利用制能设备，降低供能成本，还可以促进可再生能源的应用，也可作为提高系统运行稳定性、调整供能品质、补偿负荷波动的一种手段。蓄能系统作为分布式供能系统必要的技术支持，可以大幅度提高其运行时间，提高供能的安全可靠性和经济性。蓄能系统可以减少冷冻机、冷却塔和热泵等设备的装机容量和占地面积，解决了冷却塔和热泵机组等相关设备的空间布置问题。蓄能水槽起到了削峰填谷的作用，降低运行成本，增加了运行方式的灵活性，提升了前滩项目运行经济性。

（3）打造“互联网+”智慧能源

前滩项目建设之初，公司根据建设前滩“远程集控中心”的目标要求，建立大数据分析中心，提供多维数据分析平台，以实现未来市域范围内多个能源站集约化管理，以及使各个场站达到“无人值班，少人值守”的管理水平。采用信息与通讯技术，完成各个能源站与用户数据的采集和处理，建设区域综合智慧能源站远程集控中心，实现远程监控、远程诊断与智能调度，以及信息发布与共享。

目前，前滩项目已建立设备智能分析智库，完成生产实时数据、公司业务管理数据、部分用户外部数据的数据库开发，生成各种统计报表、分析图表，满足生产经营的基本需求，全面提升公司智慧管理水平与综合决策能力。

2018年底，前滩投资公司作为“三联供分布式能源”接入上海电力城市综合智慧能源互联网平台，成为上海电力股份智慧能源管理平台（虚拟电厂运营商：上海明华电力科技有限公司）的重要组成部分。通过城市综合智慧能源互联网平台的虚拟电厂平台，前滩投资公司前滩项目在保障正常生产和用户供能的情况下，能源站还可以及时响应上海电网的需求，利用能源站的资源，满足调峰和填谷需求。

今后，随着数据的不断积累，模型算法的不断迭代更新，辅助决策功能将进一步完善，真正实现能源的智慧管控。“互联网+”智慧能源可进一步开发更为灵活可靠的项目优化运行控制，开发跨区域的能源虚拟调度，为创新能源服务模式做好技术储备。

平台服务类

多表合一城市级综合智慧能源服务项目 案例20

1 项目概况

1.1 项目背景

四川广安爱众股份有限公司(简称爱众股份)作为国内少有的集水、电、气、热供应于一体的城市能源供应企业，基于公司多年水、电、气、热综合能源运营和服务的业务场景，以综合能源计量为切入点，结合大数据、人工智能、物联网等新兴技术，开展了多表合一城市级综合智慧能源示范项目，建立了一套多表合一城市级综合能源监控大数据云平台(简称“多表合一云平台”)，通过硬件升级、软件开发、工程图集建设、数据应用四个层面，实现广安市水、电、气、热综合能源数据一体化远程抄收、监控、共享及分析，覆盖水、电、气、热供应，服务客户约230万用户。

1.2 项目进展情况

2021年，本项目实现约100万只水、电、气智能表的在线采集，服务约40万水、电、气用户，水电气综合抄表成功率达到98%以上。

2 能源供应方案

2.1 负荷特点

(1) 城市供水

业务覆盖广安市内广安区、前锋区、岳池县、武胜县、邻水县、华蓥市6个区县市，直接服务供水客户 62.21 万余户，包含城镇与农村的居民、工商业、政府单位等各类用水用户，年供水需求量超过 1 亿 m^3。

(2) 城市供电

业务覆盖广安区、前锋区、岳池县等 3 个区县，直接服务供电客户 83.91 万余户，包含城镇与农村的居民、工商业、政府单位等各类用电用户，年供电负荷超 16.16 亿 kW・h。

(3)城市供气

业务覆盖广安区、前锋区、武胜县、邻水县、西充县 5 个区县，直接服务燃气用户 64.62 万余户，包含城镇与农村的居民、工商业、酒店、医院等各类用气用户，年供气需求达 5.4 亿 m^3。

2.2 技术路线

本课题研制的基于多表合一的综合能源大数据监控管理云平台项目，在工程建设、系统架构、采集设备、通信协议等方面进行了如下应用：一是解决水、气、热设备共享问题，统一不同厂商生产的智能水表、智能气表和热量表的数据传输接口和通信协议，使水、气、热智能表共同使用同一个集中器，实现集中器与表计之间的“互联互通，互联互换”；二是对水、电、气、热表的计量数据集抄建立一套完整的远传抄表系统，实现电、水、气、热等公共事业数据一体化远程抄收；三是对水、电、气和热表从户表工程设计、规划、安装等环节的技术规程和设计图集进行统一，形成水、电、气、热标准安装施工方案，有利于减少公共事业基础设施的重复投资、降低公共事业的综合运营成本，建设节约型社会；四是对抄表管理、收费管理、运维管理、综合数据应用完整的解决方案，打破水、电、气、热跨行业管理的技术壁垒与管理壁垒，实现跨行业间的数据共享。整体技术方案如图 1 所示。

2.3 装机方案

1）公司拥有自来水厂 10 座，35 个出厂水流量计，153 个管网监测点。

2）公司拥有 110kV 变电站 11 座、35kV 变电站 21 座、水电站 12 座，水电站装机容量 43.64 万 kW・h，近 400 条供电线路，数千个供电台区。

3）公司拥有(储)配气站 16 座，CNG 加气站 4 座，20 支出厂流量计，两百余个管网监测点。

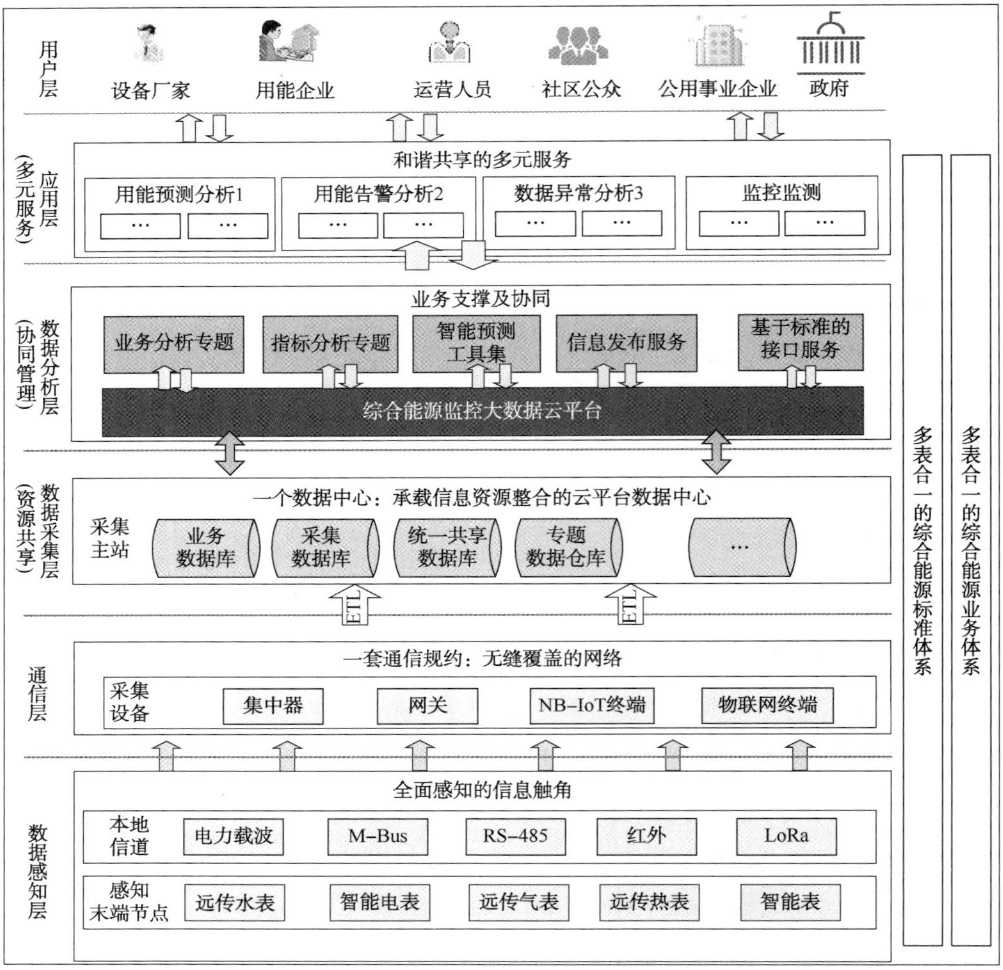

图1　城市级综合能源管理技术方案

3 用户服务模式

3.1　用户需求分析

目前，全国各地由于水、电、气公用事业单位主体不同，在水电气供应和服务上数据未能充分融合应用，用户的水、电、气用量数据分别分布在不同的公用事业单位中，数据缺乏横向综合分析，排查异常手段单一。爱众股份开发的城市级综合能源监控大数据云平台具备开放接入能力，面向各种类型、各种场景、各种需求的综合能源用户群体，除了覆盖公司、城镇与农村的居民水、电、气、热能源需求，还面向工业企业、酒店行业、医院、学校、政务中心、商业中心等用能需求复杂、能源负荷种类多、节能降耗空间大的用能客户，承接能源监控分析、能源损耗分析、能耗对比分析、供能质量分析等需求。

3.2 服务模式

本项目在综合能源业务方面，为爱众股份的成熟经营管理模式提供数据基础与技术支撑，形成综合能源业务运营管理模式，项目投资主要为企业自筹资金。

未来，爱众股份向周边地级市公用事业单位提供水、电、气、热综合能源计量规划设计、安装、调试验收、运行维护等技术服务、多表合一综合能源监控大数据平台提供计量采集服务，根据服务数量收取服务费用。

4 效益分析

4.1 经济效益

（1）直接经济效益

根据规划，项目预计直接产生经济效益主要体现在采购成本、建设成本、后续运维成本方面。

其一：节约水、电、气共有场景集中采购成本。本项目统一了集中器技术规范，研制了多表合一共享型集中器，自 2018 年以来，共采购电力集中器 2766 台，水气热共享型集中器 3121 台，节约采购成本，其中，试点应用水气热共享型集中器 745 台，节约集中器使用成本；试点应用水、电、气、热共享型集中器，再节约集中器使用成本。

其二：节约表计使用成本。本项目编制的本地与远传通信协议，统一了水、电、气本地通信规约。

其三：节约工程建设成本。

其四：将本项目成果规模化持续应用，节省其他运营成本。

（2）间接经济效益

该集团利用公司提供的多表合一综合能源监控大数据云平台中基本电费分析功能，采用低谷弃水电量交易模式，调整生产工业时间，在谷段时间进行生产。

此外，通过对综合能源大数据云平台的水、电、气、热数据实施能源数据多维度分析，有效解决了传统损耗、故障表计仅能独立分析行业数据的不足，将故障判断率与区域损耗窃能判断精准度提升至90%以上。

4.2 环境效益

多表合一城市级共享型综合能源监控大数据云平台通过能耗监测、能耗分析、超耗告警、能耗预测等手段实现能源管理，为节能措施的选择提供有力的数据支撑，从而达到满足社会环保需要、减少浪费、合理用能的目的。

虚拟电厂综合智慧能源项目 21 案例

1 项目概况

1.1 项目背景

上海明华电力自2017年开始进行虚拟电厂的研究与建设，通过聚合不同类型的负荷资源，成功建设了上海电力虚拟电厂平台，为电网削峰填谷需求响应、分布式能源进行消纳等提供了有力支持。自建成以来，该平台已多次参加国网上海电力公司的需求响应，表现出较强的适应性和灵活性，也取得了良好的经济效益与社会效益。

1.2 项目进展情况

本项目从2018年1月开始建设，2019年6月投入试运营。自2019年8月正式参加上海市需求响应，明华电力虚拟电厂平台作为上海市电力公司需求侧管理平台的注册电能聚合商，至2021年底，共组织参加电网削峰和填谷需求响应50余次，累计响应电量达790698kW，平均响应负荷15810kW，其中，前滩分布式能源中心参与需求响应的负荷占比达到了其最大负荷能力的51.75%。为全面提升城市区域需求侧能源利用效率和综合能源管理水平提供了有力支撑。

2 能源供应方案

2.1 负荷特点

虚拟电厂通过聚合分布式能源站、储能系统、可控负荷、充电站(桩)、自备电厂等不同类型的分布式能源，为电网提供需求响应、辅助服务、电力交易等服务，虚拟电厂负荷主要接入对象为具有负荷调节能力的能源站或具有可控负荷的能源用户，优质主要接入对象有：

1）分布式能源站（三联供机组）；

2）集中式充换电站（换电乘用车、融合租赁重卡、V2G 等）；

3）带储能的大型公共充电站或公交充电站；

4）具有集中控制的中央空调企业（海尔、海信、格力等）；

5）具有集中控制的充电桩生产运营企业（特来电等）；

6）具有集中控制的分布式用户侧储能运营企业（明华、杉杉等）；

7）具有可中断负荷或可调节负荷的大型工业企业（如宝钢轧钢、通信铁塔基站、不参与调度的自备电厂等）；

8）不参与调度控制的小型光伏、风电等分布式新能源等。

2.2 技术路线

虚拟电厂为城市综合智慧能源供应服务平台的一部分，其整体技术架构图如图 1 所示。

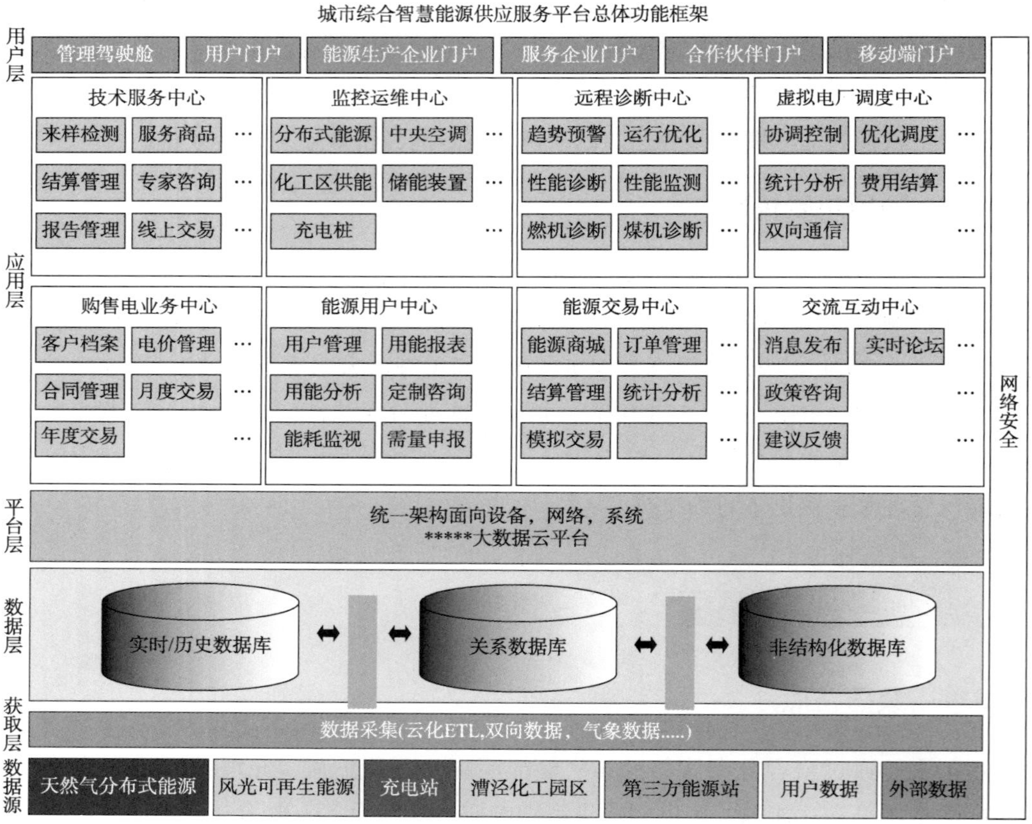

图 1　城市综合智慧能源供应服务平台技术架构图

虚拟电厂的核心可以总结为“通信”“聚合”和“控制”，关键技术主要包括协调控制技术、智能计量技术以及信息通信技术。从某种意义上讲，虚拟电厂可以看作是一种先进的区域性电能集中管理模式，通过物联网通信技术，区域聚合分布式能源、储能、用户侧负荷，并应用智能调控系统，辅助电网平衡发电与用电，参与电力需求响应市场和辅助服务市场运行。

如图 2 所示，虚拟电厂云调度控制中心是虚拟电厂平台的核心，负责与上级电网调度系统进行交互，在把虚拟电厂的状态和运行信息发送给上级电网系统的同时，接收上级电网的调度指令，并通过一定的算法和规则把调度指令分配和下发给各分布式能源站的站侧智能协调控制接口，同时通过各站侧智能协调控制接口获取和分析各分布式能源站的运行状态、运行数据，分析是否满足上级电网系统的要求，然后再对各能源站进行相应的调度控制。VPP 云调度控制中心的结构如图 2 所示：

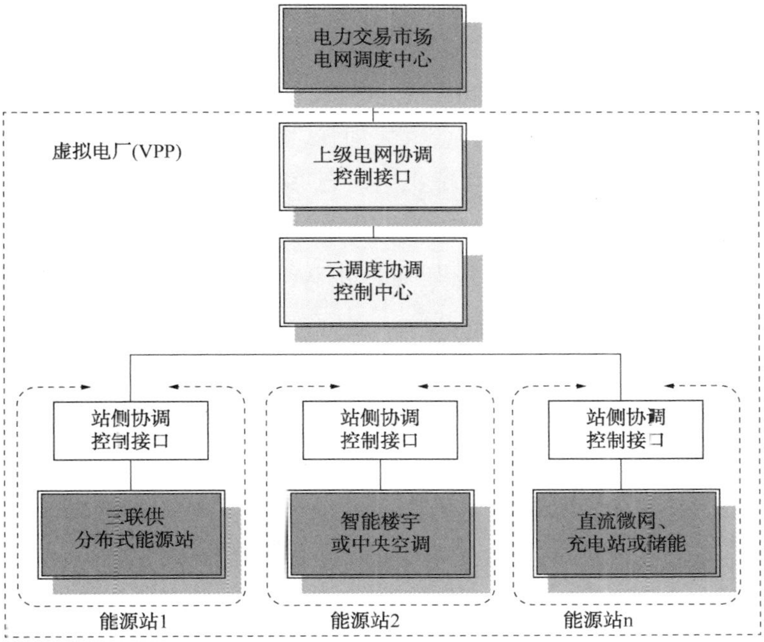

图 2　虚拟电厂平台分布式协调控制系统图

对于上级电网调度指令，目前虚拟电厂云端调度控制中心支持以下几种运行方式：

1）ACE 模式：即区域控制偏差模式，它指的是虚拟电厂负荷不跟踪基准功率，只负责调节电网功率偏差。简单来说就是频率高了就减负荷，频率低了就加负荷。

2）BLO 模式：是指虚拟电厂只跟踪负荷曲线的模式。简单来说就是只跟踪电网调度给出的计划曲线。

3）DER 模式：即需求响应模式，指的是在正常情况下虚拟电厂和下属的分布式能源以自己设定或客户要求的模式运行，在电网有负荷需求时，优先快速响应和满足电网负荷要求。可以响应全网负荷需求，也可按区域、用户、主变等进行精准负荷需求响应。

明华电力虚拟电厂平台通过大数据摸排，将能效高、碳排放低的用户纳入平台能源企业库，优先筛选库内企业参与响应，从而减少碳排放；通过实时监控、自动执行指令、自动优化负荷策略，提升需求响应的“智慧”程度，减少能耗损失，实现用能优化。

2.3 装机方案

上海明华电力虚拟电厂平台自建设投运以来，已经陆续接入多个分布式冷热电联供能源站、智慧型园区中央空调、50 多个分布式电动汽车充电站以及多个储能系统、园区光伏、智能楼宇等资源。目前，整个虚拟电厂已具备调度发电能力达 3 万 kW，接入可控负荷 5 万 kW，储能 1000MW 的虚拟电厂出力能力，可最高响应电网削峰和填谷 8 万 kW 的能力。后续还将接入分布于上海不同地区的其他分布式能源站，直流微网，电动汽车充换电站，风电、太阳能、储能单元等，争取削峰和填谷能力达到设计 30 万 kW，届时，虚拟电厂的负荷响应能力会大大加强，对电网“削峰填谷”的响应能力也会大幅上升。自试运营以来，明华电力虚拟电厂已多次配合电网实现“削峰填谷”服务，协调加入的各分布式资源多次参加上海电力公司的需求响应，表现出很强的适应性和灵活性，为电网削峰填谷做出一定的贡献，同时也获得了一定的收益。

目前，虚拟电厂已经接入的资源如下：

上海前滩新能源发展有限公司前滩分布式能源站；

上海世博绿色能源发展有限公司世博东、西分布式能源站；

上海西岸绿色能源有限公司西岸分布式能源站；

明华电力长阳创谷办公楼中央空调；

虹桥基金小镇直流微网项目（含楼宇、光伏发电、储能和充电桩）；

特来电分布式充电站（含上海地区 50 个左右充电站或桩，通过中央控制系统接入）。

目前，正在协调接入的资源如下：

上海电力世博大楼；

漕泾分布式能源站项目；

浦东机场能源中心；

临港分布式能源站项目；

中国浦东干部学院。

以上资源接入虚拟电厂费用大约在 5 万～20 万元之间，对于分布式能源站和特来电充电站等具有分布式控制系统的项目，主要实现和虚拟电厂的通信及就地控制接口即可，改造费用在 10 万元以内；对于楼宇空调类项目，由于要实现用电数据采集及主要用电设备控制，费用较高，一般改造费用不超过 20 万元。

3 用户服务模式

3.1 用户需求分析

一是提高电网安全保障水平。当前我国中东部地区外送电比例上升、大规模新能源接入、电力电子装备增加，对电力系统平衡、调节和支撑能力造成巨大压力。将需求侧分散资源聚沙成塔，发展虚拟电厂，与电网进行灵活、精准、智能化互动响应，有助于平抑电网峰谷差，提升电网安全保障水平。二是降低用户用能成本。从上海地区试点看，参与虚拟电厂后用户用能效率大幅提升，在降低电费的同时，还可以获取需求响应收益。三是促进新能源消纳。近年来，我国新能源装机快速增长，2019 年新增风电、光伏装机 5255 万 kW，占全国新增装机的 62.8%，但部分地区、部分时段弃风、弃光、弃水现象仍比较严重。发展虚拟电厂将大大提升系统调节能力，降低“三弃”电量。四是节约电厂和电网投资。我国电力峰谷差矛盾日益突出，各地年最高负荷 95%以上峰值负荷累计不足 50h。2021 年，上海电网最高负荷达 3450 万 kW，但全年 3000 万 kW 及以上的用电负荷仅维持 5h。通过建设虚拟电厂，有限聚合分布式能源进行用户侧负荷调节，可以减少电网峰谷差，节约投资，提高能源系统使用效率。

3.2 服务模式

聚合分布式能源站、储能系统、可控负荷、充电站（桩）、自备电厂、风光新能源等不同类型的分布式能源，通过虚拟电厂统一协调调度，为电网提供削峰填谷需求响应、辅助服务等，既可以参与主能量市场，也可以参与辅助服务市场。参与多种电力市场的运营模式及其调度框架，对发电资源的广泛优化配置起到积极的促进作用。

4 效益分析

4.1 经济效益

平台的收益来源主要为参与电网需求响应的调峰收益，因为目前还在市场培育期，故平台运营费用和负荷聚合商分成方面收益还未统计在内。随着虚拟电厂市场的发展，电网需求响应的量会逐步增加；另外随着平台的发展，以后还会组织参与电力辅助市场、电力现货交易市场；且随着平台能力的增强和聚合资源的增加，平台运营费用和负荷聚合商分成收益等方面还会相应增加，具有一定的发展潜力。

4.2 环境效益

当前，在能源紧缺、环境恶化的严峻形势下，全球能源正处在从以油气为代表的传统化石能源系统向以可再生能源为代表的现代能源系统转型的关键期。同时，由于分布式可再生能源、可控负荷、储能设施以及电动汽车等的快速发展，电力用户也将由单一的消费者转变为混合型的产销者。虚拟电厂可在破解清洁能源消纳、绿色能源转型方面发挥重要作用，充分利用分布式资源，实现电源侧的多能互补和负荷侧的灵活互动，给电网提供电能和辅助服务。

综合智慧能源“大脑”——“天枢一号” 案例22

1 项目概述

“天枢一号”是国家电投集团自主研发的综合智慧能源数字化、智能化“大脑”平台，涵盖能源监视、预测、分析、调度、交易、运维和服务等功能，可实现区域、园区、楼宇型等综合能源系统的能源智慧化管理、多能源品种优化配置运行，为用户提供“一站式”综合能源服务。

2 系统设计

“天枢一号”平台逻辑架构设计分为感知层、网络层、平台层、应用层。感知层：利用智能化设备、智能传感技术、先进测量及控制技术、能源物联网网关，实现数据采集、边缘计算、IT-OT 融合、物联安全认证。网络层：通过 5G、广域网、物联网等网络通信技术，实现互联互通、广泛互联，将采集的数据传输到数据系统和应用系统。平台层：包含基础设施资源、大数据系统、软件开发工具、微服务架构、数据建模及人工智能工具，支撑大数据处理、应用开发、数据挖掘分析、AI 技术等系统开发环境。应用层：通过微服务模式提供综合智慧能源业务应用，包括能源监视、智能预测、智能调控、智能分析、智能运维、用能服务和平台管理等。

3 关键技术

“天枢一号”通过充分总结分析居民、商业、工业以及各类园区等综合能源场景需求，采用区域能源总体集成和动态管理的设计理念，集成综合智慧能源的监视、预测、调控、分析和服务应用，实现区域级数据共享和分析，能源供需互动，多能源优化调度等目标，充分保障用能经济和运行安全。系统功能包含主要技术：

（1）监视感知技术

实时监测感知能源供需环节数据，实现包含电、冷、热、储等的源荷两侧分系统监测和综合监测及趋势分析，保障系统运行安全，为预测、调度以及大数据分析提供数据基础。

（2）智能预测技术

运用大数据分析与AI建模技术，基于对历史数据的建模和分析，同时建立考虑天气、温度、设备机理模型、人员活动、日类型、用户特征等预测模型，实现对项目风电、光伏、太阳能热的出力预测和电、热、冷、气、水等多种能源负荷的预测。出力预测按时间尺度分为长期预测、短期及日前预测及超短时日内滚动预测。长期预测结果为项目运营提供支撑，短期及日前预测结果为项目调度管理提供支撑，超短时日内滚动预测为项目的能效实时优化提供支撑。负荷预测按用户种类分为工业用户、商业用户、居民用户；按周期可分为短期预测、日预测、长期预测。通过能源生产侧和用户负荷侧的智能预测，为实现综合能源系统优化调度提高综合能源利用率提供基础。

（3）智能调度技术

调度策略以提升能源使用率为目标，应用人工智能和大数据技术，对综合能源系统的生产、使用、存储、调度进行多维度优化调控和管理，实现多种能源优化配置、削峰填谷、协同互补，使综合能源系统在经济、节能、绿能等多种模式下运行时，最大限度地平衡区域内能源供应结构，提升综合能效，实现能源企业综合效益指标最优化。设计经济、节能、环保单一目标或多目标协同优化，帮助用户制定最优运行计划。采用日前-日间-实时三级的协调调度能量管理模型，避免只进行日前调度的单一时间尺度局限，利用不同时间尺度下不同精度的预测数据，通过多级协调、逐步细化完善调度计划，从而达到减轻和消除可再生能源出力和负荷预测误差对调度计划中功率平衡性和运行经济性的影响。根据设备约束、实时数据、预测数据，实现基于不同调度目标下的智能调控。日前优化调度：在智能预测和对系统运行边界的分析和建模的基础上，建立项目“源-网-荷-储-用”一体化调度模型，运用智能优化方法。用户选择调度目标“经济、节能、环保”，软件可自动计算得出各能源设备的出力曲线及储能装置的充放电曲线。提供日前调度计划，合理安排调度目标下的项目机组出力时序。日内优化调度：提供日内的调度计划，对日前调度结果进行修正。实时优化调度：提供实时优化调度，在当前系统运行过程中，不间断的对系统最优运行曲线进行优化计算，给出系统实时最优运行调度策略。

(4) 智能分析技术

通过大数据分析及人工智能技术，对“源-网-荷-储-用”等各环节数据进行采集、归纳、梳理、分析，通过能效分析、节点能价、报表系统、数据统计、质量分析等功能应用，为能源服务商、用户等提供能源运营及消费辅助决策，帮助能源服务商制定售能价格。

(5) 智能运维技术

智能运维依托大数据技术，根据设备寿命管理信息和事故统计管理信息，设备预警与告警相关联，结合设备参量标准、性能指标和专家经验，为工作人员提供精准的智能化检修方案和库存管理，大大提高运维效率，提升综合能源系统的运行水平。

(6) 用能服务技术

依据平台智能预测及大数据分析结果，发布多种能源需求量和能源生产价格信息。通过选定的运营策略自动完成系统中该负荷单位与综合能源供应商之间的一次能源交易。成交信息由智能调控系统同步获取，并依据结算信息实时调整系统策略，优化和调整综合能源系统运行模式。同时通过用能指导和需求侧响应，为用户提供增值服务，最终实现能源需求侧和供应侧的互利共赢。

4 主要创新点

突破综合智慧能源出力预测技术、能源接入控制技术、能源需求侧短期及中长期用能预测技术、能量管理与协调调度技术，实现综合智慧能源系统的智能化调度控制。

实现对区域能源的总体集成和动态管理，达到多种能源品种优化配置、协同互补运行，提升能源使用效率，提高可再生能源消纳率，降低能源利用成本。

实现电、热、冷、气、水等能源销售服务统一，达成用能的线上管理和分析利用，使能源用户侧与供给侧之间的实时动态交互成为可能。

基于海量的用能信息、负荷信息及不同的应用场景等，采用大数据分析、数据挖掘技术等对用户用能行为、用能模式进行全方位分析，为用户提供高品质的定制化服务，优化系统节能策略。

融合机理建模与实时大数据驱动的智慧能源多能互补的数字孪生体技术及建模方法、数据驱动算法和孪生体智能调度寻优算法，实现对能源的智能、动态数字孪生体建模，为能源的精细化、智能化管理提供服务支撑。

针对多能源、多网络、多协议、多区域设备快速接入和实时在线管理的系统难点，平台采用“横向跨界融合、纵向业务贯通”的系统集成理念，横向层面面向对智慧城镇、集群楼宇、产业园区和能源基地等多个类别的能源系统进行集成，纵向层面采用积木式应用结构设计，满足支撑数据共享、安全通信、互联互通、场景联动、灵活参与，实现业务融合和少人值守，为综合智慧能源多区域、多场景的管理提供统一的解决方案。

5 应用场景

“天枢一号”平台典型应用场景包括：智慧城镇型、集群楼宇型、产业园区型、能源基地型四大类型及其他众多场景。围绕项目及平台打造综合智慧能源生态圈，包括能源供应商、集成商、运营商、各类用户、政府机构、研究机构等。

智慧城镇型：智慧城区、南方智慧供冷、北方智慧供热、增量配电网等。

集群楼宇型：医院、学校、办公楼、军营哨所、大型商业、固定场站、数据中心等。

产业园区型：街区、空港、港口、海岛、高铁站、园区储能、智慧社区、工业园区等。

能源基地型：核能+，风电+，光伏+，水电+，煤电+。

其他场景：绿色交通、美丽乡村、智慧矿山、农村清洁供暖、智慧农业、酒厂（酒庄）、智慧铝电、高速公路等。

6 平台价值

“天枢一号”为用户带来的效益价值主要体现在综合能源利用效率、无人值守或少人值守程度、可再生能源消纳率、节能减排率的提升和综合能耗的较低等方面。

“天枢一号”可大幅提高项目综合能源利用率，普遍节能10%~20%；实现整个能源系统的动态可视化监视，有效提高能源管理智慧化水平，提高运维效率，使运维及管理人员减少40%以上；最大程度减少弃风、弃光，提高可再生能源消纳率，减少碳排放；为运行人员提供实际操作指导，有利于能源企业合理利用峰谷电价和储能装置的调节能力，有效降低成本，显著提高经济效益。平台可根据电网峰谷电价差等各种外部因素对综合智慧能源项目的经济影响，采用有效手段使运行利润达到最大化，也可使综合能源系统在经济、节能、环保等多种模式下运行时，最大限度地平衡区域内能源供应结构，提升综合能效，实现能源企业综合效益指标最优化。

7 项目应用案例

（1）产业园区场景

国家电投福清元洪智慧工业园部署“天枢一号”平台对区域内综合智慧能源项目进行一体化管控。平台接入创业服务中心、京东服务中心、宇邦纺织三个能源站点，涉及电、冷、热供应及多能互补微电网系统，能源设施包含分布式光伏、光伏车棚、景观风机、储能系统、充电桩、智慧路灯、冷水机组等。通过“天枢一号”，实现了能源设施智能化运维、提升各分散站点无人值守管理水平、降低运维成本，实现对多品类能源的集中管控，区域内多能协同互补，提高能源利用效率，保证发电收益。采用“线上智能分析、线下检修反馈”的智能运维模式提高设备及资产安全实时监控能力，为企业提供全周期、多方位、安全准确且低成本的监管服务。

（2）智慧城镇场景

国家电投小岗村智慧乡村项目充分利用“天枢一号”综合智慧能源“大脑”，打造以生态小岗、智慧小岗、幸福小岗为目标的美丽乡村。将数十种模块紧密连接，以大数据、云计算、物联网、人工智能等智慧元素为小岗村注入新动能，实现100%清洁能源消费和供暖，完成水面光伏、农光互补、户用光伏、光伏车棚、储能、地源热泵、智慧路灯座椅，实现多种能源元素一体化智能管控。在养老院建设智慧养老平台，以智能硬件为主，连接老人子女与服务，实现老人、村务、子女、监控中心、医务室的无缝对接。将村民及房屋信息接入平台并保持同步，实现人房管理。同步构建“三农”大数据平台，优化配置“政务、民生、农务、能源、商务”，将数字化融入小岗村生产和生活的每个场景，助力三网融合。

（3）集群楼宇场景

国家电投总部大楼智慧楼宇项目依托“天枢一号”，支撑大楼能源网，管理网，服务网智能化运转。能源网供需互动，协同优化，大幅度提升能源利用效率，每年为国家电投总部大楼提供绿电约30万kW·h，省电近60万kW·h，节能20%，相当于减碳729t，节省标煤261t。管理网将总部大楼打造为全要素数字孪生互联的智慧综合体，实现园区设备的数据全息感知，推动各类数据跨平台共享，形成可视化BIM系统，实现能源管理、安防管理、环境监测、智慧消防等多系统融合。服务网实现线上订餐购物、线下智能取物、线上服务预约、信息互动查询及环境状态感知，全面提升总部行政服务管理水平，打造智慧化的办公环境和贴心服务体验。

（4）能源基地场景

国家电投“国和一号+”项目依托“国和一号”核电能源基地，部署“天枢一号”综合智慧能源“大脑”接入分布式光伏、垂直轴风机、智慧路灯、充电桩、锂电池储能等模块进行统一管控，将核能供热、海水淡化、核风光综合智慧能源等元素融合构建“核风光氢储”多元化能源互补生态，平均每年可增加发电量600万kW·h，节约标准煤约1889t，减排二氧化碳5167t。“天枢一号”作为能源流、信息流、控制流的枢纽，依托高匹配性支撑硬件、定制融合算法模型、海量软件功能模块及程序接口，通过感知、互联、分析、协同，实现能源供需最优匹配，提升能源综合利用效率和提高安全供能水平，实时满足电源侧和用户侧高效灵活互动。

综合智慧能源“大脑”-天枢一号面向“多源，多网，多荷，多用户”综合的新型能源系统，提供了系统化、数字化、智能化的平台解决方案。通过“天枢一号”创新技术的应用，可有效提升能源网运营和管理水平，为各级用户带来明显的经济效益；有效解决能源紧缺及供能质量问题，提升能源网智能运行能力，降低系统安全作业风险，降低运维成本，节能减排，助力综合智慧能源产业的协调有序发展，为未来新型能源系统、能源市场和双碳服务市场提供科学有效的技术支持和服务。

三峡新能源智慧运维一体化项目 23 案例

1 项目概况

1.1 项目背景

为提高精细化管理，提升设备生产运营效益，解决新能源电站分布分散、难以集中管理，设备种类繁多量大、无法实现统一的设备管理及运行管理等问题，实现电站的运行管理模式，本项目提出了建设三峡新能源远程集中监控系统（简称集中监控系统）和电力生产管理系统（简称 NePMS 系统），以提高设备利用率及电力生产管理水平、运营效益。

三峡新能源公司集中监控系统主要具备升压站监控、风机监控、光伏监控、箱变监控、AGC/AVC 监视，功率预测监视分析、保护信息管理、故障录波管理、视频监控、调度电话（转接）、集控（软）五防、风机和逆变器运行状态判别、运行数据分析等功能，实现了新能源发电场站的全面监控，再配合具备运行管理、两票管理、设备管理、巡检管理、缺陷管理、检修管理、技改管理、文档管理、物资管理功能的电力生产管理系统，基本实现“远程集中监控，现场少人值守，区域检修维护，统一规范管理”的管控模式和“故障驱动、集中调度、区域检修”的运维模式。

1.2 建设情况

三峡新能源公司已建设 16 个省级区域转发中心、7 个省级区域集控中心和 1 个北京总部运行监视中心，业务范围覆盖全国 32 个省、自治区和直辖市，总接入容量达到 1000 万 kW，可接入容量 2000 万 kW。接入了分布在全国 23 个省份的 127 个风、光、水电站，其中风机 3400 台，逆变器 24000 多台，涵盖了 14 个风机厂家 48 种机型和 16 个逆变器厂家15种机型，数据通信规模达600多万点；完成141个投运场站电力生产管理系统部署及使用。以集中监控为核心，智能运维为目标，公司、区域公司、子站“三级一体”的管控模式已初步形成。

由于三峡新能源公司各项目分布广、场站多，现场实施困难，电力生产管理系统采用分公司实施和远程视频培训实施策略，其中，分公司采用“传、帮、带”模式实施，由各项目骨干参加分公司组织的培训，然后参加培训的项目骨干作为“传、帮、带”负责人对各项目进行站内培训。截至目前，已实现了电力生产管理系统功能在新能源范围内10个区域公司，141个场站的上线试运行。

2 能源供应方案

2.1 技术路线

（1）三峡新能源远程集中监控系统

三峡新能源远程集中监控系统采用新能源子站现地层、区域集控中心层、北京总部监视诊断中心三级结构系统建设，如图1所示，满足“一次规划、分步实施”的建设理念，为后续北京总部系统扩容和区域集控系统建设奠定基础，如图2所示。在每个电站配置一套数据采集装置，采集电站设备的监控信息；同时，以省为单位建立转发中心，实现省内电站的数据汇总与转发，在条件允许的省份建立区域集控中心，实现区域内电站的集中监控与运行；最终，电站数据汇集至北京总部，并采用集中数据库模式实现对数据的统一管理。

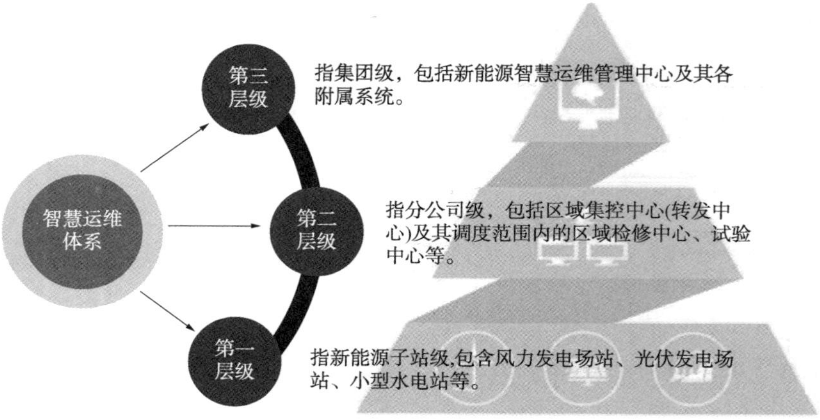

图1　三峡新能源智慧运维体系

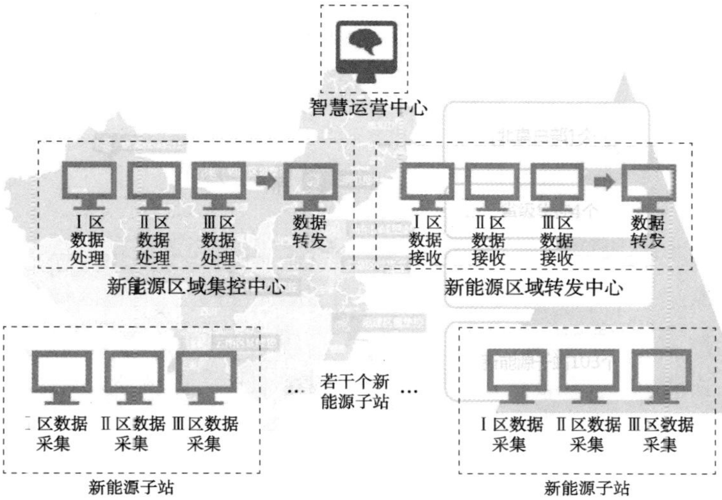

图 2　三峡新能源集中监控系统总体架构图

根据规划建设三峡新能源集中监控系统，通过系统软硬件平台的搭建，实现对三峡新能源下属电站的数据采集、处理、运行监测数据展示、报表展示、功率预测展示、故障诊断、统计分析与大数据挖掘、NePMS 系统、WEB 发布、视频监控等功能，最终实现对三峡新能源公司下属的风、光、水电等新能源电站进行远程集中监视、控制、诊断及集中运营管理。平台功能包含数据采集与大数据管理、云服务、状态监测和故障诊断、远程通信、数据标准化、运行状态及判断逻辑。

（2）三峡新能源电力生产管理系统

三峡新能源电力生产管理系统以生产设备资产维护为重点，以成本控制为核心，实现多场站的集成应用，采用“先固化、后优化、聚焦差异、整体构架、数据为先、滚动培训”的实施策略，为三峡新能源公司建立了一套统一的电力生产管理业务规范，实现完整、规范和集成化的事务处理和数据处理流程，促进电力生产管理工作的规范化、标准化、程序化和科学化，为公司内外参与生产管理的各种不同岗位角色提供了一个高度协同的工作应用与信息处理平台。

2.2　运营情况

自 2017 年 6 月，集中监控系统完成初步验收，已投入运行；内蒙古区域集控中心自 2017 年 12 月投运至今；新疆区域集控中心自 2018 年 12 月投运；甘肃区域集控中心自 2018 年 12 月投运；盐城集控中心自 2018 年 8 月投运至今；青海集控中心自 2019 年 8 月投入试运行；福建集控中心自 2018 年底投运至今。

电力生产管理系统2019年7月通过初步验收，11月通过竣工验收。目前，系统运行稳定，不断完善、优化系统功能。

3 用户服务模式

公司通过集控系统和电力生产管理系统的建设，由新能源场站运维时代步入区域集中运维时代。区域集中运维时代具有明显的故障驱动型特征，通过区域集控中心和区域检修中心两大运维主体协同作业，基本实现了“远程集中监控，现场少人值守，区域检修维护，统一规范管理”的科学管理模式，很大程度地解决了新能源场站运维时代在物资采购及储备、运维方式、安全风险管控、人才稳定性等方面暴露出来的问题，降低了运行维护成本，提升了新能源场站综合管理水平。

未来新能源智慧运维时代将增强上述两个系统的融合、数据的交互，建立智慧运维中心，实现新能源精益化运维。2020年，公司开始步入智慧运维时代，旨在解决制约增发电量的瓶颈问题。智慧运维时代具有明显的数据驱动型特征，通过云计算、大数据、物联网、移动互联网、人工智能技术对海量数据有效利用及深度挖掘，实现设备健康管理、设备运行状态智能分析、运检过程智能管控等功能。将区域集中运维时事后维修转变为基于设备状态的预测、诊断检修，将检修工作时间点前移，使运维工作由故障驱动方式向数据驱动方式转变，以全面提升运维效益，推动行业实现精益化运维管理。

4 效益分析

三峡新能源集中监控系统的建设，为新能源发电企业的运行管理提供技术支撑，为今后电站设备选型、项目投资提供依据，也为新能源发电行业的发展规划提供了宝贵的参考性数据，对保证设备稳定运行，增加设备可利用率，提高发电设备并网水平具有一定的推进作用。同时，可有效地减少新能源电站侧运行人员，节约人工成本，在集控中心侧对新能源电站进行集中监控，也可改善员工的工作环境，提高员工幸福指数。

区域集控中心建成后，有效促进了该地区新能源运维模式的改变，实现集中运维后，运行人员数量精简后集中在集控中心，减少的运行人员可扩充到检修队伍，承担场站自主检修任务。区域集控中心建成后，后期新建电站综合楼将因现场人员减少而缩减建设规模，50MW项目综合楼面积可减少约500m^2；相应减少办公区域及生活区域硬件设备、设施，可节约成本费用。

三峡新能源电力生产管理系统的建设充分研究了新能源场站的管理特点，以新能源设备管理为中心，将生产运行、维护、备品备件、实时数据分析有效集成到统一平台。多角度的数据分析，科学指导电力生产过程；动态的设备台账，及时掌握设备运行状态，以降低非计划停机；提高备件采购的科学性，在保障正常生产情况下，降低库存，实现资源合理配置。通过规范化的日报管理，可以实现生产报表的自动统计，极大地解放了报表统计人员工作量，使得相关工作人员的精力更多地投入生产及设备维护，有效提升设备质量及维护效率。通过物资管理模块，可以有效降低库存积压，减少运维成本；此外，系统充分考虑并实践与集控系统的业务集成，实现已接入场站的生产数据共享，通过故障分析实现设备的大数据应用，提高了设备的使用寿命，降低了关键设备维修成本，在提高新能源生产一线工作人员工作效率的同时，也降低了管理成本。

海澜智云工业互联网智慧水系统项目 案例24

1 项目概况

1.1 项目背景

（1）地理位置

项目单位江阴兴澄特种钢铁有限公司（简称兴澄特钢），隶属中信泰富特钢集团，是中国中信集团下属的高度专业化的特钢生产企业。兴澄特钢地处长三角核心区域，位于江苏省江阴市高新技术开发区，北临长江，南接锡澄、沿江、沪宁高速公路，自建两座 10 万 t 级远洋专用码头，拥有公路、内河、长江和远洋海运等发达的交通物流优势。兴澄特钢现为国家火炬计划重点高新技术企业、全国节能先进集体、全国首批两化融合示范企业、4A 级国家标准化良好行为企业。

（2）投资规模

本项目总投资为 6000 万元，针对水处理分厂供水、净水、各分厂用水投用智慧工业水系统，改造后，兴澄特钢厂区可实现供水自动控制调剂，用水点压力、流量自动平衡，循环水系统自动优化冷量分配，提高供水效率，升级操作人员，实现节水节能。

（3）项目类型

该项目为信息化、数字化、智能化改造升级类项目。

（4）供能品种及规模

供能品种：蒸汽、电、水、煤。

（5）供能环节

该项目所处的供能环节是使用端。

1.2 项目进展情况

本项目于 2021 年 11 月 23 日在江阴兴澄特钢落地实施。海澜智云科技有限公司(简称海澜智云)花费 3 个月的时间对现场进行查勘，初步判定兴澄特钢存在的能耗问题，并在现场安装相应的数据采集装置。

通过对现场采集到的相关数据进行深度分析，海澜智云运用自主研发的多变量模型预测控制、机理建模、模型识别等技术，融合人工智能、大数据分析、数字孪生等新一代信息技术，为兴澄特钢提供定制化的解决方案。

2 能源供应方案

2.1 负荷特点

本项目稳定负荷生产，全能满负荷运行。

2.2 技术路线

(1) 智慧水务

三维智慧车间管理，打造企业独有的数字化在线可视生产系统，加入数据 AI 分析，实时对生产单耗数据及操作提出优化建议。设备智能监测，可以对设备非正常运行预警，提醒运维人员提前检修避免重大停车事故。

建立从源头取水、净水、管网输水到末端用水、污水处理的全流程闭环控制系统，打通水务系统的各个分子系统，形成统一可控的水系统先控体系，实现顶层设计、基层落实的完整闭环管理。

系统将构建于原取水、净水、供水几大 DCS/PLC 控制系统之上，利用国内领先的 AI 算法及先进控制理念，实时协调各系统的配合运行，实现水系统全流程的自适应控制。

(2) 报警可视化

建立水系统的 1∶1 三维模型，并将流程延伸至车间用水及生产设备，通过链接车间生产的实时数据，实现钢铁企业独有的数字化在线可视生产系统，在数字孪生基础上，加入强大的数据 AI 分析功能，实时提供生产单耗数据及操作优化建议。

采用高灵敏度震动、温度传感器，采集运行泵组的三向震动及温度，结合大数据分析库，对泵组运行进行实时监控。

本系统通过对比不同的振幅及频率，可在设备非正常运行前提前给出预警，提醒运维人员将要发生的故障，提前检修避免重大停车事故。同时，加入对设备的用电监测、能耗分析功能，实现对设备-系统的综合管控，如图 1 所示。

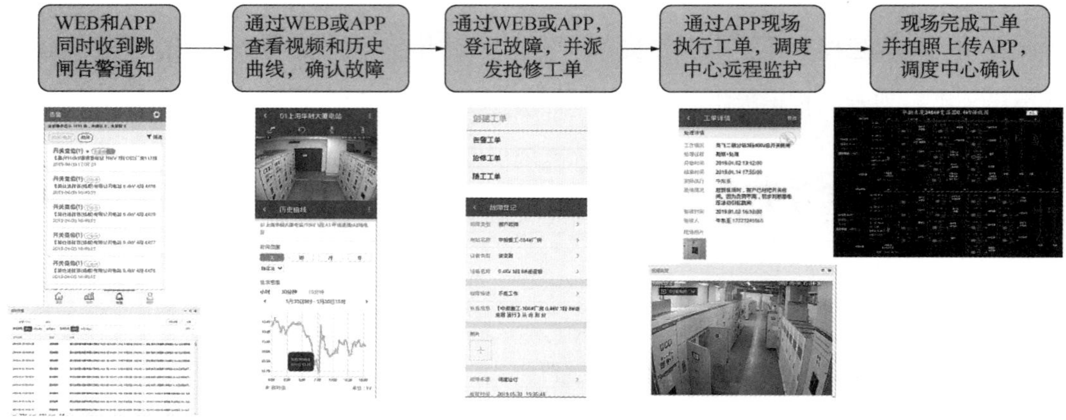

图 1　值班与抢修

智能运检系统是传统运行检修制度结合“互联网+”技术而产生的新型管理模式，通过平台+无人巡检设备构建新的运维服务支撑体系，有效提升水系统运行的安全性、效率和经济性。水系统运检闭环管理系统包含资料管理、排班签到、维修记录、试验管理等多项日常运行。

（3）能源管理应用平台

能源管理应用平台对厂区各能源介质实现能源数据采集、可视化展示、分析与优化；生成能源多维度分析报表，实现管理过程自动化，使能源使用更高效、更优化；对厂区所有能源介质实现产输用平衡，实现能源的梯级利用、优化利用、高效利用，如图 2 所示。

实现全厂、各个分厂工序能源的综合管理，实现能源多维度快速总览，不同分厂工序关键性指标数据可视化，及时为调度管理提供决策性数据支撑。

针对企业用电情况，根据实际情况将企业配电接线图、单线图翻刻到能源管理应用平台，进行负荷分析、电量分析、日用电分析、力调分析、负荷对比分析、碳排放分析、峰谷分析、点值信息分析、用能报告分析等，对用户整体用电情况做智能分析，可按实时、分钟、小时、日期、月份、季度和年份有针对性地对用电数据进行分析。对各监测点的实时负荷、日负荷和月负荷进行统计，并可对各监测点之间进行横向对比分析。

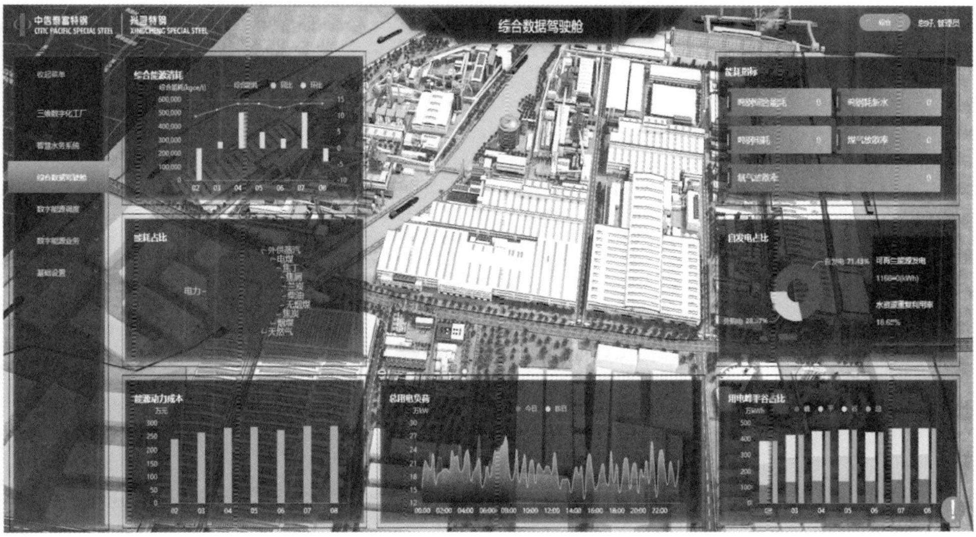

图 2　能源管理应用平台

2.3　装机方案

本项目装机方案见表 1。

表 1　装机方案表

产品名称	规格型号	数量	规格
Online Server	品牌型号：华为 2288H V5。 基本要求： 1. 机架服务器，配置 1 颗英特尔至强银牌 4110 处理器； 2. 配置 16GB DDR4 内存； 3. 配置 3 块 1.2T SAS 10K 热插拔硬盘； 4. 配置 2G 缓存 RAID 卡，支持 0、1、5、6、10、50、60 配置掉电保护功能； 5. 网络接口≥6 个 GE 电口，配置 2 个冗余热插拔电源，满配冗余风扇，支持单风扇失效。 管理维护性要求： 1. 具有图形管理界面及其他高级管理功能；	1	台

续表

产品名称	规格型号	数量	规格
Online Server	2. 配置独立的远程管理控制端口，支持远程监控图形界面，可实现与操作系统无关的远程对服务器的完全控制，包括远程的开机、关机、重启、虚拟软驱、虚拟光驱等操作。 支持操作系统：Microsoft Windows Sever	1	台
Web/Data Server	品牌型号：华为 2288H V5。 基本要求： 1. 机架服务器，配置 1 颗英特尔至强银牌 4110 处理器； 2. 配置 32GB DDR4 内存； 3. 配置 3 块 1. 2T SAS 10K 热插拔硬盘； 4. 配置 2G 缓存 RAID 卡，支持 0、1、5、6、10、50、60 配置掉电保护功能； 5. 网络接口>6 个 GE 电口，配置 2 个冗余热插拔电源，满配冗余风扇，支持单风扇失效。 管理维护性要求： 1. 具有图形管理界面及其他高级管理功能； 2. 配置独立的远程管理控制端口，支持远程监控图形界面，可实现与操作系统无关的远程对服务器的完全控制，包括远程的开机、关机、重启、虚拟软驱、虚拟光驱等操作。 支持操作系统：Microsoft Windows Sever	1	台
服务器管理站与显示器	品牌型号：联想 启天 M410。 基本要求：塔式，15-7400 4G 500G 集成显卡 DVD 光驱，配正版主流 Windows 操作系统。 显示器：24 寸液晶显示器，黑色	1	台
网络机柜	品牌：图腾。 42U 标准服务器机柜(黑色)，前后开门，前门为玻璃门。含防脱 PDU，PDU 10A 8 孔 * 3\工业连接器，PDU 每一路都带空开。 要求柜内布线合理，电源接入带接线柱并配置总电源空开	1	面
网络交换机	品牌型号：华为 S5700-28C-SI。 性能要求：24 个 10/100/1000Base-T 以太网端口，4 个复用的千兆 Combo SPF 口，含一个电源	1	台

续表

产品名称	规格型号	数量	规格
工控网隔离防火墙	品牌型号：深信服 AF-1000-A400。 性能要求：吞吐量>700Mb，最大并发连接数>120 万，每秒新建连接数>25000。 包过滤：能够基于时间、用户/用户组、应用层协议、地理位置、IP 地址、端口、内容安全统一界面进行安全策略配置。 路由功能：支持静态路由、策略路由、RIP、OSPF、EGP、ISIS 等路由协议。 IPV6：支持 IPv6 协议栈、IPV6 穿越技术、IPV6 路由协议。 协议识别：可识别应用层协议数量>5000 种。 数据安全支持数据防泄露，对传输的文件和内容进行识别过滤。 DDoS 防护：支持 HTTP、HTTPS、DNS、SIP 等应用层 Flood 攻击，支持流量自学习功能，可设置自学习时间，并自动生成 DDoS 防范策略。 NAT：支持全面 NAT 功能，对多种应用层协议支持 ALG 功能，包括 ILS、DNS、PPTP、SIP、FTP、ICQ、RTSP 等。 入侵防御：基于特征检测，支持超过 3000 种特征的攻击检测和防御。 病毒防护：可以支持 HTTP、FTP、SMTP、POP3、IMAP 等协议的病毒防护可靠性：支持 BFD 链路检测，支持 BFD 与 VRRP 联动实现双机快速切换，支持 BFD 与 OSPF 联动实现双机快速切换	1	台
Windows SERVER2012R 正版操作系统	—	2	套
Windows 10 专业版正版操作系统	—	1	套

3 用户服务模式

3.1 用户需求分析

能源类型：电、天然气、蒸汽等。

用户性质：工商业用户。

3.2 政策依据

为响应《中共中央关于制定国民经济和社会发展第十四个五年规划和二〇三五年远景目标的建议》，本次合作积极响应《中华人民共和国节约能源法》《中国节能产品认证管理办法》《中华人民共和国大气污染防治法》《可再生能源中长期发展规划》《关于印发全国生态环境保护纲要的通知》《“工业互联网+安全生产”行动计划(2021—2023年)》等政策法规，海澜智云助力兴澄特钢实现企业数字化转型，积极响应国家号召走可持续绿色发展道路。

3.3 服务模式

投资方式：项目投资是由海澜智云科技有限公司进行投资改造，改造完成并通过运营维护，确保项目能够实际产生对应节能效益后，移交给项目落地企业，即江阴兴澄特种钢铁有限公司。

收费模式：项目实施完采用。

交易模式：B2B。

经营方式：EPC总承包式实施模式——海澜智云承担系统的规划设计、设备采购、设备安装、工程施工、系统调试、试运行，并对建成后的管控系统的质量、安全、工期、造价全面负责，最后将系统整体移交企业运行。

BOT独立出资经营转让模式——海澜智云与企业签订特许权协议，特许海澜智云承担系统投资、建设、经营和维护，在协议规定的期限内，企业定期支付我方费用，以此来回收系统的投资、融资、建造、经营和维护成本并获取合理回报，特许期结束后，海澜智云将系统完全移交给企业。

4 效益分析

4.1 经济效益

本系统，可代替目前泵组运行人员的手工操作，实现每班次人员的精简，将更多的人力投入到系统管理、优化设计的工作中去。本系统可实现对运行人员的技术素养进行全面提升，扭转传统的操作人员思维，使现场中心泵房操作站升级为现场工程师站。现场工程师可在安全范围内调整各类参数，实现变工况运行的最优解。

4.2　环境效益

创新的数字化智能管控平台，结合最新的2D+3D展示界面，视觉直观地识别不同能源属性和指标内容；平台可实现能源多方式管控，多样式综合详细分析，便捷快速响应，对能源管控提供有力的数据支撑，做到有效节能。在安全环保方面，全厂能源报警系统，直观快速应对煤气报警、消防报警，关联详细报警内容、报警历史数据，第一时间对报警响应处理，历史事件存档。新型的多能源流动平衡与预测，通过所有能源的动态数据平衡，实时展示流量流速信息、监控能源平衡。协同全厂生产计划与实绩信息，对多能源进行未来时间的生产使用平衡预测，提高生产调度预知性，综合初始全厂生产提质增效；能源数据溯源，全方位回溯生产工艺线数据参数，根据需求锁定工艺数据时间，全流程溯源工艺进行历史，整体分析工艺效果。同样实现报警溯源功能，为全厂生产历史做安全"黑匣子"。

4.3　社会效益

集中管控：实现水务系统全流程集中显示、控制及数据分析，管理人员使用一套系统即可了解全厂水系统的运行情况，数据及报表可自动生成并推送至相关人员。

自动控制：在正常生产情况下系统实现自动控制，操作人员只需处理设备的突发故障。

节能降耗：通过附加海澜智云独有的水力、热力平衡分析系统，可实现水系统的合理调度配水、水泵风机的智能控制，实现节水节电。

技术升级：将运维人员从现场操作中解放，操作人员凭借此系统可实现模拟操作并得出实时仿真结果，协助运维人员更合理地进行设备参数调整，实现系统的持续性优化。

5　创新点

5.1　新技术集成

钢业行业数字化智能管控解决方案，与多平台功能无缝链接，快速启动响应服务，便于运维人员后期维护进阶，集中管理、统一调度，在平台基础数据上进一步挖掘能源节省潜力，便于后期数字化智能工厂的打造。

本项目利用物联网、云计算、云存储等技术，通过海澜智云智能数据采集终端实现对现场工业制造设备的状态量、数字量等数据的采集，并将数据传输到云平台，再通过大数据分析与决策提供全站式信息服务。

通过对企业的水、电、气等各种能源的消耗进行集中监控，为企业管理者提供企业实际用能数据。通过量化管理，将原有的经验式宏观管理模式转变为精细化数字管理模式，通过该云平台的应用，管理部门可以做到“掌握情况、摸清规律、系统诊断、合理用能”，大大提升管理水平，并降低了企业的运行成本，让节能和能源管理更加科学化、数据化。

整个项目优化能源数据收集，精细化管理能源消耗，优化排查能源损耗（线损、能源平衡等），减少人员抄表工作。

5.2 新材料、新设备应用

根据网络拓扑结构部署网络节点设备，包括边缘数据服务器、超融合数据服务器中心、交换机设备、监控大厅电脑大屏等设备。

根据企业数据安全性的要求，兴澄特钢的数据中心部署在公司内部网络中，且只可内网访问。主机部署在管控中心，对全厂提供数据服务。数据大屏与管控中心电脑等设备安装在管控中心服务器机房，管理人员通过网页访问等方式随时查看数据中台。

各分厂数据采集设备部署方式不一，具体部署方式根据分厂内部设备情况与网络情况决定。边缘数据服务器主要部署在各分厂区的控制柜房处，通过485串口、OPC通信等方式采集设备相关数据，然后通过以太网MQTT协议发送至服务器中心。

5.3 商业模式

（1）行业推广计划

公司总部坐落于长三角城市群中心位置江阴市，依托海澜集团雄厚的实力，与周边钢铁企业强强联手合作，如兴澄特钢、华润特钢等，在这些行业领先的钢铁企业收获成效后，通过他们的行业影响力和应用成效再对长三角其他钢铁企业进行宣传，采用由点及面的推广扩散形式保证信息化模式在企业中高效优质地推进。

（2）区域/园区合作模式

基于钢铁行业的数字化智能管控解决方案，应用于钢铁及其钢铁上下游企业，可对于分布式的钢铁企业和集中园区式钢铁企业做数字化智能管控应用。目前已与河南地区安阳钢铁企业沟通交流，延伸河北邯郸钢铁大园区。

紫竹国际商业综合体智慧能源运营服务平台项目

案例25

1 项目概况

1.1 项目背景

紫竹国际商业综合体位于上海市芳甸路1088号，近花木路，北侧紧靠世纪公园，南面临近上海新国际博览中心。项目总高度100m，超量配套355个停车位(其中22个地上车位)，靠近轨道交通2号线世纪大道站以及7号线花木路站，紫竹国际大厦总建筑面积为56860m²，办公建筑面积为30518m²。

商业综合体由一栋22层的紫竹国际大厦办公楼和11608m²集中式商业(博览汇广场)构成，“博览汇”广场分为地上二层和地下一层，组成集餐饮、购物、娱乐、展示、休闲、时尚于一体的匣合式综合商业广场。

紫竹国际商业综合体在电梯、空调、层高等硬件的配备上也达到甚至部分超越了现有甲级办公楼的水准，将新国际博览中心板块的甲级写字楼的品质标准推向了更高的层面。

商业综合体用能结构主要为电能量消耗，为更好地实现高效用能的目标，更快地推进和落实节能降耗、提升企业管理水平等工作，建设并投运了智慧能源运营服务平台，为整个商业综合体能效管理提升提供了先进的技术支撑。

1.2 项目进展情况

项目已完成建设并投运。

开工时间：2022年2月17日。

投运时间：2022年12月29日。

2 能源供应方案

2.1 负荷特点

商业综合体主要能源消耗类型为电力、水。用水数据方面基于历史数据及采集汇总，2022 年全年用水消耗 36767.4m³。

用电负荷类型由空调、照明、电梯、动力、锅炉 5 大类组成。其中，照明用电约占总量的 20.1%、空调用电约占总量的 50.6%、电梯用电约占总量的 10.8%、动力用电约占总量的 7.1%、锅炉用电约占总量的 11.4%。主要用电负荷为空调系统，占总用电负荷的一半。照明和空调用电达到全年用电的 70%，2022 年全年用电消耗为 3881052.8kW・h。

商业综合体整体用电负荷呈现较为平稳的特点，在平时段用电负荷大约高于平均负荷水平 7%，谷时段和峰时段与平均负荷持平。

以空调为例，根据在线监测及业主方提供的项目历史能耗信息，进行整理见表 1。

表 1　2020—2022 年空调分项逐月用电量

项目	2020 年		2021 年		2022 年	
月份	用量/kW・h	费用/元	用量/kW・h	费用/元	用量/kW・h	费用/元
1 月	151431	166574	224308	179446	136453	94857
2 月	8355	6684	81396	65116	141359	100365
3 月	6177	4942	114342	91474	113553	90842
4 月	1286	1029	17055.2	11085.88	3187	2549
5 月	32308	25846	39287.6	27108.45	973	779
6 月	77574	62060	83372	58360.4	11301	8250
7 月	114177	91342	130672.8	98004.6	139246	104435
8 月	165059	132047	134553.2	100914.9	163556	127573
9 月	96994	77595	119693.6	89770.2	186240	171341
10 月	19228	15382	61248.4	43486.37	97627	78102
11 月	34231	27385	44643.8	29464.91	54114	42750
12 月	142487	113989.6	25952.4	18684.62	107667	81827
合计	849307	724875	1076525	812917	1155276	903670

根据表格数据展示的柱状图如图 1 所示。

根据在线监测能耗资料汇总分析可知：项目空调分项的能耗数据与气候存在明显的相关性；空调用能规律符合当地气候条件及公共建筑运营规律，见表 2。

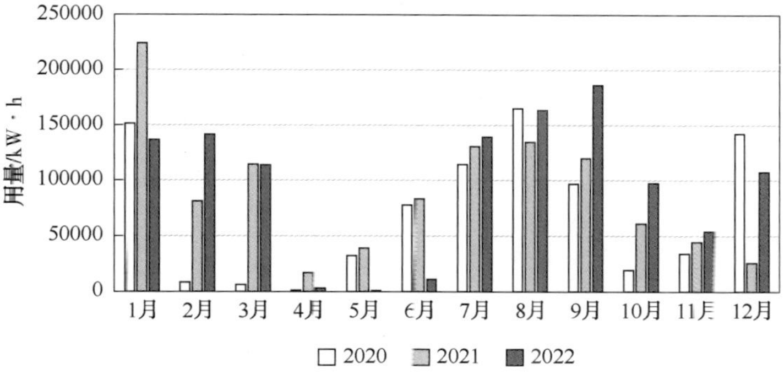

图 1　2020—2022 年空调分项逐月用电量

表 2　空调系统用电

空调模式	设备名称	台数	额定输入/kW	运行季	天数/d	开启台数/台	开启时长/(h/d)	平均负荷率/%	消耗量/(kW · h)
供冷	螺杆主机	3	231	过渡季	45	2	10	75	155925
		3	231	高峰季	75	3	10	50	259875
	冷冻水泵	4	15	过渡季	45	1	10	90	6075
		4	15	高峰季	75	3	10	90	30375
	冷却水泵	4	30	过渡季	45	1	10	90	12150
		4	30	高峰季	75	3	10	90	60750
	冷却塔	6	5. 5	过渡季	45	2	10	100	4950
		6	5. 5	高峰季	75	6	10	100	24750
制冷季合计用电量									554850
采暖	锅炉	2	810	过渡季	60	1	8	60	233280
		2	810	高峰季	45	2	8	45	262440
	采暖一次循环泵	3	4	过渡季	60	1	18	65	2808
		3	4	高峰季	45	2	18	65	4212
	采暖二次循环泵	3	15	过渡季	60	1	10	60	5400
		3	15	高峰季	45	2	10	60	8100
采暖季合计用电量									516240
全年合计(电)									1071090

系统内各设备能耗占比如图 2 及图 3 所示。

2. 2　技术路线

(1) 分项计量模型

本方案采用国家住房和城乡建设部颁布的关于建筑能耗监测系统相关技术标准的导

则中对于建筑标准能耗模型的构架。该能耗模型为一般公共建筑的能耗监测分项计量工作提供了统一的比较“语言”，为各个建筑的横向对比提供最大的可行性。基于收集数据的分析，对各区域用能具体分析比较，促进技术节能和管理节能手段的应用。

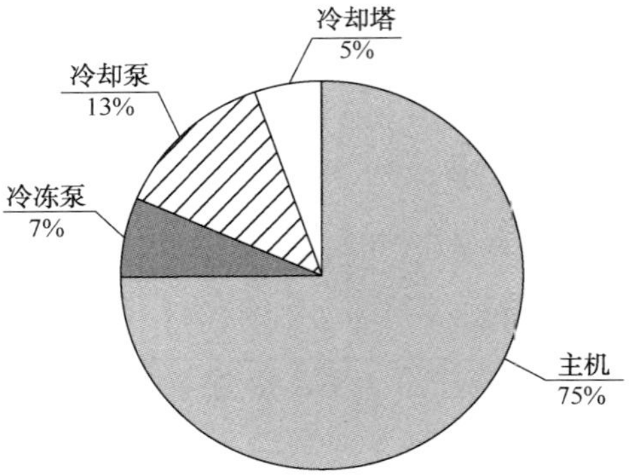

图2 制冷系统内各设备能耗占比

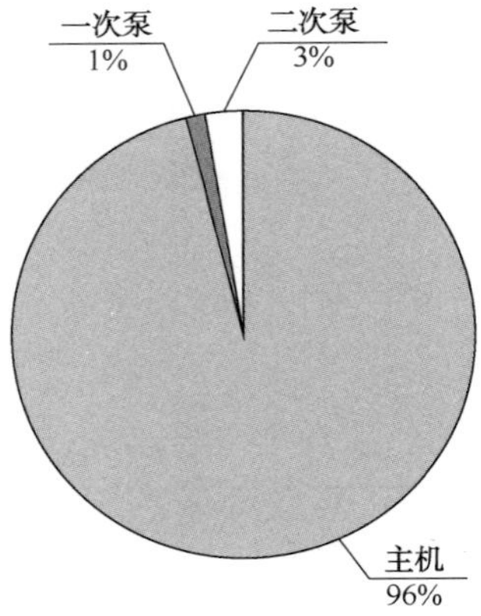

图3 采暖系统内各设备能耗占比

（2）信息技术架构

系统采用JAVA、JSP、Flex先进技术开发实现。通过外网直接利用Internet浏览器的方式访问能效监测中心服务器，用户可以直接利用Internet浏览器方式访问。操作系统采用目前广泛使用的、安全性能较高的Linux系列，网络通信采用TCP/IP协议，数据库采用具有Client/Server模式的商用数据管理系统，通信程序采用C/C++高效语言。系统分为采集层、数据层、应用层和用户层。采集层主要指现场安装的多功能电能表来采集数据，表计的采集数据自动抄送到用能采集数据系统进行存储。数据层是系统的数据中心，采用大型关系数据库来组织和管理数据，为数据在线显示和数据离线综合分析提供必要的数据支撑。应用层是系统的业务应用核心，实现用能数据的在线监测、统计分析、用能分析、用能计划、用能电核算等。用户层是用户的客户端和工作站。离线的数据分析管理采用B/S模式为用户提供服务。

技术结构体系如图4所示。

（3）网络技术架构

网络设计是采用以以太网为核心能源管理网，以RS485总线为现场采集现场网络，同时辅以无线采集通信为辅助设计。为了保证系统安全运行，系统将继续保留原有系统的功能，并配备切换功能，实现各个子系统与智控系统一键切换，以应对不确定性因素，提高系统的安全冗余度，打破数据壁垒，实现数据互通，实现系统安全、高效、智慧运行。

通信结构示意如图5所示。

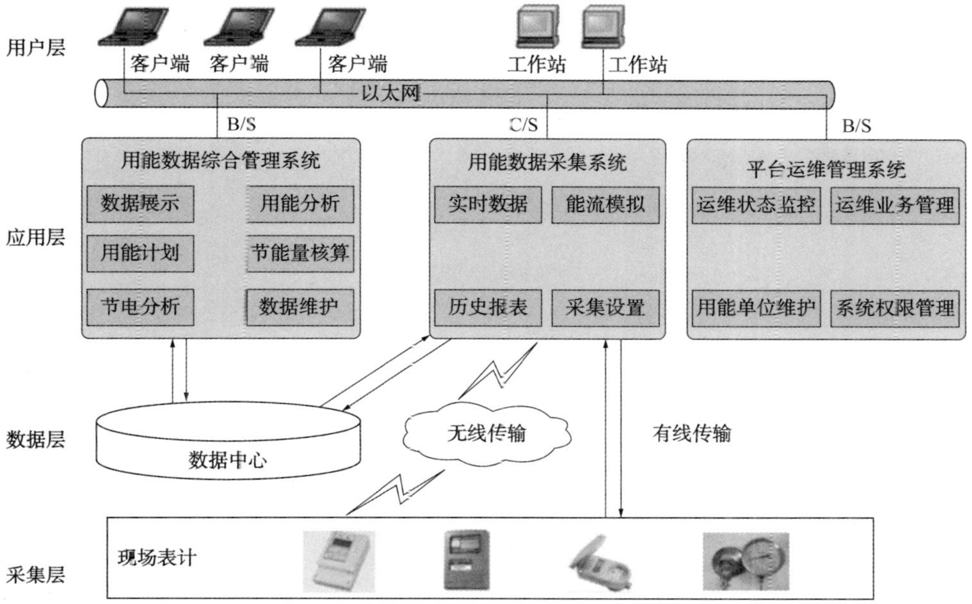

图 4　技术结构体系图

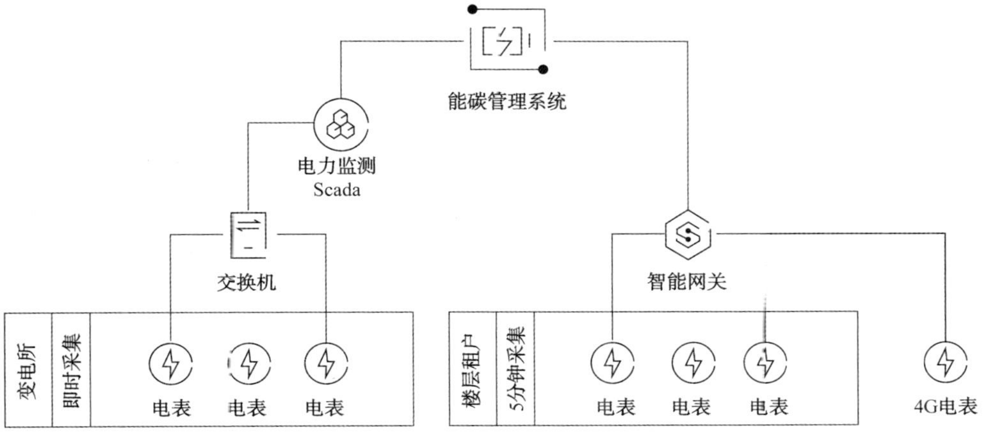

图 5　通信结构示意图

网络技术体系如图 6 所示。

（4）数据存储架构

系统设置“数据存储区”，存储按照数据抽取频率，把原始采集数据与基础信息、设备基础信息、报警规则信息结合处理后，形成能效监测平台实时监测、明细查询、报警提示所需要的原始明细数据。各类数据的大批量加工不影响实时的数据采集，在数据库上进行处理，同时也为各类明细查询提供数据源。其物理结构与原始采集数据库有所不同，增加了明细查询所需的内容。系统设置“后台分析数据库”存储按照数据抽取频

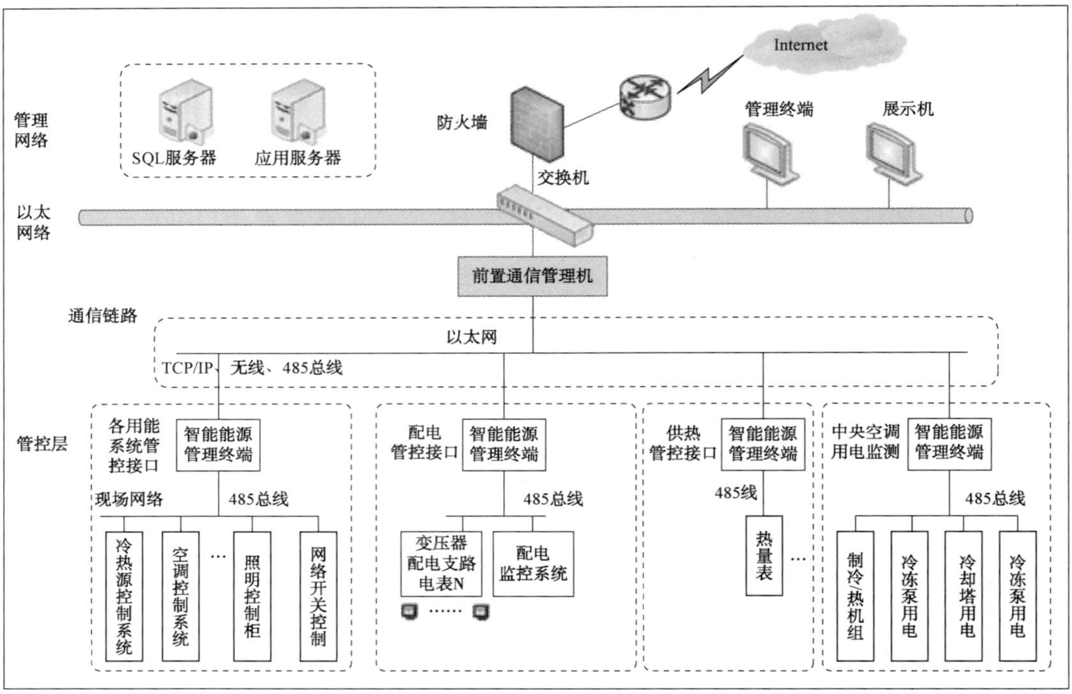

图6　系统网络拓补图

率，把数据存储区的基础数据按照统计、分析、比较功能的要求进行不同时间段的分类、汇总和计算数据，大幅提高系统的运行效率，最大化缩短系统的响应时间。各类数据的大批量处理不会影响能效监测平台的查询响应速度，只在数据库内进行处理，处理后的结果可以让系统根据用户的需求直接进行调用，减少了系统页面功能的计算工作量。

数据存储体系如图7所示。

2.3　装机方案

（1）端侧计量系统方案

端侧计量改造实现计量精度达到0.5s级，设备抗干扰性能最优，数据保存时间能达到2年的指标要求。经过改造的计量表计具有通信接口（RS485口）且电表遵守MQTT和MODBUS-TCP通信协议。对于变电所内表计，现有计量表计经过透传，以即时的数据方式展现在变电所Scada系统。再由数据库服务器以5min一次的频率从Scada获取数据。现场租户表计数据的采集方法连接方式，为将一个计量回路的表计“手拉手”相连接后与选用的电能采集终端相连接，通过电能采集终端连接网络交换机实现数据的采集和通信。

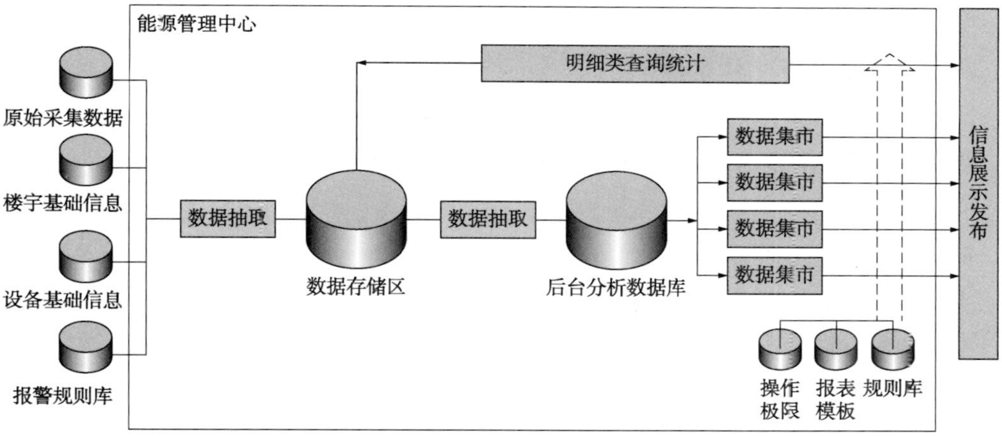

图 7 数据存储体系图

系统根据 GB 17167—2006《用能单位能源计量器具配备和管理通则》的要求，对电能表表计和配套电流互感器的提出如下技术要求：

一级表参数性能要求：

三相电压、三相电流 0.2 级；

三相功率因数 0.5 级；

有功功率 0.5 级；

无功功率 0.5 级；

视在功率 0.5 级；

电度量 0.5 级；

分时费率统计；

电能表通信协议，按行业标准 DL/T 645—2007 执行；

设备档次国产优质。

二级表、三级表参数性能要求：

三相电压、三相电流 0.2 级；

三相功率因数 0.5 级；

有功功率 0.5 级；

无功功率 0.5 级；

视在功率 0.5 级；

电度量 0.5 级；

电能表通信协议，按行业标准 DL/T 645—2007 执行；

设备档次国产优质。

电流互感器选型：

额定工作电压 AC：0.66kV；

额定一次测电流：5A-10000A；

额定二次测电流：5A　低压柜就地装表；1A　表柜装表；

额定频率 50Hz；

精度：0.5 级；

工频耐压：3000V/1min　50Hz；

设备档次：国产优质。

（2）计量表计安装方案

一级表计就近安装于就地低压进线柜内，表计电压信号从原低压配电柜电压回路加保险隔离后引出，电流信号取自柜内原有电流互感器，与原电流表串联，由表计的 RS-485 通信接口引出通信电缆。

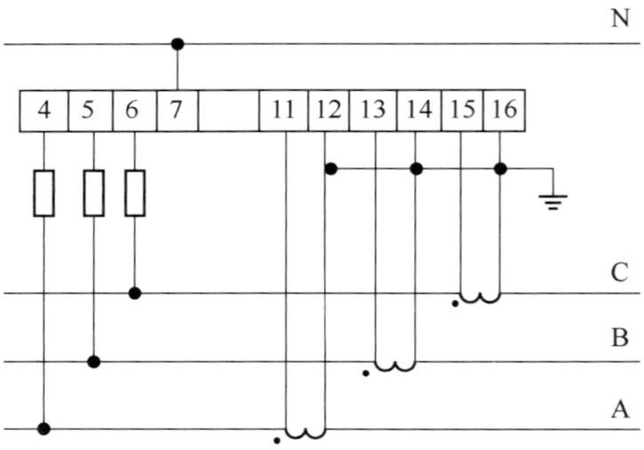

图 8　二次接线原理图

二级和三级表计集中安装于特制表柜内，表计电压信号从原低压配电柜电压回路加保险隔离后引出，电流信号取自新安装的电流互感器，由表计的 RS-485 通信接口引出通信电缆。

计量表计的安装二次接线原理图如图 8 所示。

（3）组网规划方案

利用原有的电力监控系统网络，将更新后的多功能电表数据采集上送到变电所外 Scada 系统，并由数据采集服务器从 Scada 获取必要数据。用智能电表替换原本租户的机械表，通过 RS485 线与现场仪表设备连接（500m 内有效通信距离），数据上送至数据采集服务器，离散设备通过 4G 网络上传数据至数据采集服务器。数据采集服务器通过甲方提供的宽带联网，仅开端口接受外网 4G 数据上送以及乙方远程维护服务。应用服务器与数据采集服务器在同一局域网内，可通过甲方宽带提供 Web 服务和乙方远程维护服务。

主要设备汇总表见表 3。

项目冷源机房设置在 B1 层，空调冷源为 3 台螺杆式冷水机组，辅助机包括 4 台冷源循环泵、4 台冷却泵、6 台冷却塔风机。

制冷系统设备清单见表 4。

项目采暖热源机房设置在 B1 层，采暖热源为 2 台电热水锅炉，采暖板交有 2 组，辅助机包括 3 台采暖一次循环泵、3 台采暖二次循环泵。

表 3　主要设备汇总表

序号	名称	规格/型号	数量	单位
一、能管系统				
1	工控机	工控机 i512400/8G/256GSSD	1	台
2	显示器	某品牌显示器	1	台
3	工业网络交换机	24 口千兆交换机 企业级网络交换器	1	台
4	应用服务器	机架式服务器主机 R350 E-2388G 8 核 3.2G/64G 内存/3×4TB 硬盘(企业级)	1	台
5	数据服务器	机架式服务器主机 R240 至强 E-2224 4 核 3.4G/16G 内存/1TB 硬盘(企业级)	1	台
6	智能网关	ANet-2E8S1 2 路网口，8 路 RS485	1	台
二、变电所仪表				
1	高压智能仪表(导轨安装)	ADW300W/CZ　10/0.1KV	6	台
2	低压智能仪表(嵌入式安装)	AEM96-KCFZ 380V 有功电能 0.5S 级	196	台
三、楼层电表				
1	多功能电表(导轨安装，直接式)	DTSD1352-CFZ10(80)A，有功电能 0.5S 级，带分时计量	161	台
2	多功能电表(导轨安装，直接式，4G)	DTSY1352-4G/FZ，有功电能 0.5S 级	10	台
四、楼层数据采集设备				
1	智能网关	ANet-2E8S1 2 路网口，8 路 RS485	2	台
2	通讯线缆	屏蔽双绞线 RVVSP 2×1.0 红蓝	400	m

表 4　制冷系统设备清单

设备类型	品牌	数量	参数
螺杆式冷水机组	约克	3	制冷量：1069kW，功率：231kW
冷冻泵	威乐	4	功率：15kW
冷却泵	威乐	4	功率：30kW
冷却塔风机	斯频德	6	功率：5.5kW

采暖系统设备清单见表 5。

表 5　采暖系统设备清单

设备类型	品牌	数量	参数
电热水锅炉	源牌	2	供热量：0.81MW，电功率：810kW
一次泵	格兰富	3	功率：4kW
二次泵	格兰富	3	功率：15kW

3 用户服务模式

3.1 用户需求分析

能源类型：电、水。

用户性质：工商业用户。

3.2 政策依据

深入贯彻落实党中央、国务院决策部署，按照碳达峰碳中和“1+*N*”政策体系的总体安排，扎实推进碳达峰碳中和标准计量体系建设，制定本方案。

3.3 服务模式

本项目在综合能源业务方面，为紫竹商业综合体能源管理提供数据基础与技术支撑，形成智慧能源业务运营管理模式，项目投资主要为企业自筹资金。

4 效益分析

4.1 经济效益

根据在线监测数据同时结合现场运行情况，对本项目冷热源系统采用智控系统的节能量评估见表6。

表6 空调系统节能量评估表

空调模式	设备名称	运行季	消耗量/kW·h	节能率/%	节能量/kW·h	能源单价/元	预计能耗费用/元	预计节能收益/元
供冷	螺杆主机	过渡季	155925	10	15593	0.81	126299	12630
		高峰季	259875	6	15593	0.81	210499	12630
	冷冻水泵	过渡季	6075	25	1519	0.81	4921	1230
		高峰季	30375	25	7594	0.81	24604	6151
	冷却水泵	过渡季	12150	25	3038	0.81	9842	2460
		高峰季	60750	25	15188	0.81	49208	12302
	冷却塔	过渡季	4950	5	248	0.81	4010	200
		高峰季	24750	5	1238	0.81	20048	1002
制冷季合计（电）			554850	11	60008	0.81	449429	48606

续表

空调模式	设备名称	运行季	消耗量/kW·h	节能率/%	节能量/kW·h	能源单价/元	预计能耗费用/元	预计节能收益/元
采暖	锅炉	过渡季	233280	8	18662	0.74	172627	13810
		高峰季	262440	5	13122	0.74	194206	9710
	采暖一次循环泵	过渡季	2808	2	56	0.74	2078	42
		高峰季	4212	2	84	0.74	3117	62
	采暖二次循环泵	过渡季	5400	15	810	0.74	3996	599
		高峰季	8100	15	1215	0.74	5994	899
采暖季合计(电)			516240	7	33950	0.74	382018	25123
全年合计(电)			1071090	9	93957		831446	73729
全年节费合计			73729					
全年节费率								8.9

根据数据库信息分析，并经过详细计算，本项目冷热源系统通过智控节能后，预计可实现综合节能率约8.9%，节电量为9.3×10^4kW·h，折合节能效益约为7.3万元。

注：此数据平台在线监测数据计算；冬、夏电单价分别为0.74元/kW·h和0.81元/kW·h，为业主提供相关资料计算平均值。

节省管理费用：原本大量抄表及能耗分析的重复性人工劳动被系统所替代，在数据更精确的同时，减少了人力支出。

分析挖掘节能潜力：通过对分项计量的数据统计和分析，能明确楼宇各个部分的用能情况，特别是空调和照明，给予下一步节能以更精确具体的数据基础，提高决策准确性，并为行为节能提供数据支撑。

减少用能费用：应对电价的持续走高，参与以用能数据交互为前提的售电，在单价上减少成本，用更便宜的电。

4.2 环境效益

借助楼宇能管系统，随着干预调节诸如HVAC(暖通空调)和照明等楼宇功能的运营，设施管理成本将降低。信息化的目标是降低总能耗，创造环保优势，可以帮助建筑物获得绿色认证。通过实施自动化，某些建筑物可以节省多达30%的能源成本。

楼宇能管的功能是监测和干预整体的能源使用情况，并能带来一系列的环境效益，使建筑物的使用者更健康、更快乐。信息化的一些积极成果包括降低能源使用量和减少浪费，从而可以节约成本。信息化可以严重减少建筑物对电网的单独压力。

（1）减少日常消耗

通过楼宇能管系统测量能源消耗，可以通过日常数据调整适应安排 HVAC 系统在建筑物接受大量阳光直射热量的日子里以低水平运行。

（2）节省公用事业费用

一座建筑的运行成本可能是巨大的，在建筑的生命周期内，运行成本占总支出的四分之三。通过能管系统分析运行操作，关闭或者降低部分功能运行以保持效率，从而减少总的运行时间，从长远来看增加了建筑可用的寿命。

（3）回馈电网

需要大量能源运行的大型建筑也必须产生大量的能源，以抵消其使用量，这被认为是可持续的。楼宇能管系统可以计算和预测运行时负荷，参加电网需求侧响应，进行削峰填谷，这减少了对电网的压力，使电网的其他部分能够获得更多的能源。

4.3 社会效益

监测楼宇的用电能耗情况是十分必要且重要的。“十四五”数字化发展规划的出台，为各行业的供给端探索楼宇经济高质量发展提供了技术良策。楼宇作为高能耗建筑之一，正成为数字化发展的标杆产业，其节能空间和节能潜力巨大。有效降低建筑楼宇领域的碳排放是助力实现双碳目标的关键。

5 创新点

平台融合大数据、云计算等技术，打造多元化平台，助力掌握用电构成，摸清用电规律，实现长效节能、合理用电，不但完善了商业综合体的能效管理体系，而且实现了能碳管理的标准化和一体化。

平台实现商业综合体能耗数据计量、数据处理、数据存储以及用能设备的运行状态数据的采集，对商业综合体用能系统的运行状态提供越限告警功能，提高运维效率。通过接入智能网关获取能碳采集数据，融合多种能耗数据资源，建立用户能碳在线监测体系，实现能碳可视化管理，支撑智慧用能运营及管理。

平台通过用户用能数据的负荷分析、电量比较分析、峰谷平电量及电费分析、设备分析，为制定能效提升措施及策略提供指导。

平台实现用能数据多维度的统计计算，提供用能区域精细化统计管理，支持图形化的分时能耗统计及展现，帮助管理者掌握人员、产品、设备的多时段、多维度能源利用情况，便于管理者优化用能管理。

附录　2020—2023年综合智慧能源优秀示范项目汇总表

序号	案例名称	申报单位
2020年综合智慧能源优秀示范项目		
一、城镇乡村型2项		
1	珠海横琴综合智慧能源项目	珠海横琴能源发展有限公司
2	青岛中欧国际城污水源热泵供热/冷项目	青岛金茂智慧能源科技有限公司
二、产业园区型7项		
1	荆门高新区天然气多联供能源项目	国家电投集团湖北分公司
2	石家庄低碳供能示范园项目	国家电投集团东方新能源股份有限公司
3	郑州空港科锐工业园综合能源服务示范项目	河南省昌通新能源有限公司
4	北科产业园多能互补集成优化综合智慧能源项目	国家电投集团综合智慧能源科技有限公司（国核电力规划设计研究院有限公司）
5	雄安市民服务中心综合能源服务示范项目	平高集团有限公司
6	上海电力大学临港新校区综合能源服务示范项目	国网综合能源服务集团有限公司
7	陕鼓分布式能源智能综合利用示范项目	陕西鼓风机（集团）有限公司
三、集群楼宇型3项		
1	麻城人民医院天然气分布式能源项目	国家电投集团湖北分公司
2	天津中新药业大厦综合智慧能源项目	天津绿动未来能源管理有限公司
3	山东惠民空气源热泵与地源热泵联合供暖项目	东山源能源集团有限公司
四、平台服务型3项		
1	延安新区综合智慧能源项目	陕西延安电业有限责任公司
2	500kW小秸秆气化发电综合智慧能源项目	北京乡电电力有限公司
3	珠海多能协同运行管理与能源数据融合项目	北京国科恒通科技股份有限公司
2021年综合智慧能源优秀示范项目		
一、城镇乡村型6项		
1	大温差供热改造综合智慧能源项目	国家电投集团东方新能源股份有限公司热力分公司
2	西安大兴新区三民村再生水源热泵集中供热（冷）系统综合智慧能源项目	四联智能技术股份有限公司
3	赣江新区儒乐湖（产业）新城供热项目	国家电投集团江西能源销售有限公司
4	南京青奥城综合智慧能源项目	远大能源利用管理有限公司

续表

序号	案例名称	申报单位
5	小岗村美丽乡村综合智慧能源项目	国家电投集团安徽分公司/国家电投集团综合智慧能源科技有限公司
6	国家电投集团 250kW/1.5MW·h 铁-铬液流电池光储示范综合智慧能源项目	国家电投集团河北电力有限公司张家口分公司
二、产业园区型 8 项		
1	国家电投宁东可再生能源制氢示范项目	国家电投集团宁夏能源铝业银川新能源有限公司/国家电投集团综合智慧能源科技有限公司
2	南京国际服务外包产业园区域供冷供热项目	南京法斯克能源科技发展有限公司
3	夏日哈木镍钴矿综合智慧能源项目	青海黄河智慧能源有限责任公司
4	光谷软件园区域供冷供热综合智慧能源项目	武汉中电节能有限公司
5	小铲滩储能型岸电综合智慧能源项目	国家电投集团海南分公司/国家电投集团综合智慧能源科技有限公司
6	珠海华润化学综合能源服务项目	华润智慧能源有限公司
7	亦庄置业公司综合智慧能源项目	北京亦庄置业有限公司
8	陕西延长石油靖边 400MW 风光气氢热储牧多能互补项目	江苏现代低碳技术研究院
三、集群楼宇型 4 项		
1	湖南省石门县人民医院浅层地热能集中供暖供冷综合智慧能源项目	国家电投集团湖南综合智慧能源有限公司
2	晋能控股集团双创中心 BIPV 直交混合微网系统	保定嘉盛光电科技股份有限公司
3	电谷国际酒店综合智慧能源项目	英利集团有限公司
4	北京建院 C 座科研楼改造项目综合智慧能源项目	北京市建筑设计研究院有限公司/北京深睿科技有限责任公司
四、平台服务型 2 项		
1	虚拟电厂智能运营管控平台综合智慧能源项目	北京清大科越股份有限公司
2	三河综合智慧能源项目	北京华大智宝电子系统有限公司
2022 年综合智慧能源优秀示范项目		
一、城镇乡村型 5 项		
1	江西井冈山农高区综合智慧能源项目	国家电投集团江西电力有限公司/山东电力工程咨询院有限公司
2	汪清县域开发“样板房”综合智慧能源项目	吉林吉电新能源有限公司
3	依托燃煤电站，打造融入城市绿色发展的综合能源服务新模式	国能常州发电有限公司/国能龙源环保有限公司

续表

序号	案例名称	申报单位
4	基于按需供暖的区域热网户、站、网、源全过程全成本调控优化研究与示范	北京华热科技发展有限公司
5	国家电投花吐古拉镇综合智慧能源项目	通辽市通电新能源有限责任公司
二、产业园区型13项		
1	北京宝之谷国际会议中心综合智慧能源示范项目	中电智慧综合能源有限公司
2	磴口光伏治沙+生态农业综合智慧能源示范项目	国家电投集团内蒙古新能源有限公司
3	上海国际化工新材料创新中心综合智慧能源项目	上海漕泾热电有限责任公司
4	华电厦门集美工业园区综合智慧能源项目	华电(厦门)综合智慧能源有限公司
5	内蒙古准大电厂富氧燃烧耦合现代煤炭分级分质清洁高效利用综合智慧能源项目	重庆富燃科技股份有限公司
6	“火电+”综合智慧能源园区项目	辽宁清河发电有限责任公司
7	国家电投福清元洪投资区综合智慧能源项目	国家电投集团福建电力有限公司/福建电投能源有限公司
8	日照港换电重卡与源网荷储换电站综合智慧能源项目	中电投融和融资租赁有限公司
9	郑州空港科锐产业园智慧能源示范工程	北京科锐配电自动化股份有限公司
10	广州明珠工业园区国重项目	东方电子股份有限公司
11	国家超级计算济南中心综合智慧能源项目	山东历控能源有限公司/同圆设计集团股份有限公司
12	科林电气高端智能电力装备制造基地综合能源服务项目	石家庄科林电气股份有限公司/石家庄科林云能信息科技有限公司
13	西藏宁算大数据中心能源综合利用项目	广东美的暖通设备有限公司
三、集群楼宇型4项		
1	国家电投总部“清洁、低碳、智慧”楼宇综合智慧能源项目	国家电投集团有限公司/国核电力规划设计研究院有限公司
2	台州椒江心海社区集中供能综合智慧能源项目	台州市心海能源科技有限公司
3	紫光零碳智慧园区综合智慧能源项目	东方电子股份有限公司
4	古田综合智慧能源项目	山东电力工程咨询院有限公司/福建闽西能源有限公司
四、平台服务型4项		
1	明华电力虚拟电厂的建设与运营综合智慧能源项目	上海明华电力科技有限公司
2	粤能投虚拟电厂管理平台项目	东方电子股份有限公司/广东电网能源投资有限公司

续表

序号	案例名称	申报单位
3	基于多表合一的城市级综合智慧能源项目	四川广安爱众股份有限公司
4	聊城人民医院家属院清洁能源供暖项目	山东澳信供热有限公司
2023年综合智慧能源优秀示范项目		
一、城镇乡村型1项		
1	多元化绿色智慧能源一站式解决方案应用案例	广东申菱环境系统股份有限公司
二、产业园区型8项		
1	华电莘庄工业园区综合智慧能源项目	上海华电闵行能源有限公司
2	打造火电+“多能联供多源回用”高效循环清洁综合能源体	国能宁夏鸳鸯湖第一发电有限公司/国能龙源环保有限公司
3	新昌电厂综合智慧零碳电厂项目	国家电投江西电力有限公司新昌发电分公司
4	国家能源集团海南博鳌零碳示范区智慧能源项目	国能（海南）新能源发展有限公司/国能龙源环保有限公司
5	国能甘泉堡公司增量配网、源网荷储一体化项目	国能新疆甘泉堡综合能源有限公司
6	霍林河循环经济示范工程项目	内蒙古霍煤鸿骏铝电有限责任公司电力分公司
7	华润电力凤岗万家配送中心综合能源项目	华润电力综合能源（广州）有限公司
8	申能集团上海LNG冷能发电技术示范应用项目	上海液化天然气有限责任公司
三、集群楼宇型4项		
1	绿能公司上海浦东前滩天然气分布式能源项目	上海电力绿色能源有限公司
2	上海电力综合智慧零碳电厂项目	上海明华电力科技有限公司
3	靖安县中医院绿色综合智慧能源项目	国家电投集团江西中业兴达电力实业有限公司
4	远大能源湖南妇女儿童医院综合智慧能源项目	远大能源利用管理有限公司
四、平台服务型6项		
1	华电上海能源环境管理平台项目	上海华电集科分布式能源有限公司
2	基于综合能源服务的微电网方案及应用项目	电管家集团股份有限公司
3	海澜智云工业互联网智慧水系统项目	海澜智云科技有限公司
4	紫竹国际商业综合体智慧能源运营服务平台项目	北京清大科越股份有限公司
5	南方电网分布式源荷聚合服务平台	广东电网能源投资有限公司/东方电子股份有限公司
6	胜利油田源网荷储一体化智慧能源系统	山东广域科技有限责任公司/东方电子股份有限公司